Willfried Spohn

Politik und Religion in einer sich globalisierenden Welt

Otto-von-Freising-Vorlesungen
der Katholischen Universität Eichstätt-Ingolstadt

Herausgegeben von der
Katholischen Universität Eichstätt-Ingolstadt

Willfried Spohn

Politik und Religion in einer sich globalisierenden Welt

VS VERLAG FÜR SOZIALWISSENSCHAFTEN

Bibliografische Information der Deutschen Nationalbibliothek
Die Deutsche Nationalbibliothek verzeichnet diese Publikation in der
Deutschen Nationalbibliografie; detaillierte bibliografische Daten sind im Internet über
<http://dnb.d-nb.de> abrufbar.

1. Auflage 2008

Alle Rechte vorbehalten
© VS Verlag für Sozialwissenschaften | GWV Fachverlage GmbH, Wiesbaden 2008
Lektorat: Katrin Emmerich / Bettina Endres

VS Verlag für Sozialwissenschaften ist Teil der Fachverlagsgruppe
Springer Science+Business Media.
www.vs-verlag.de

 Das Werk einschließlich aller seiner Teile ist urheberrechtlich geschützt. Jede Verwertung außerhalb der engen Grenzen des Urheberrechtsgesetzes ist ohne Zustimmung des Verlags unzulässig und strafbar. Das gilt insbesondere für Vervielfältigungen, Übersetzungen, Mikroverfilmungen und die Einspeicherung und Verarbeitung in elektronischen Systemen.

Die Wiedergabe von Gebrauchsnamen, Handelsnamen, Warenbezeichnungen usw. in diesem Werk berechtigt auch ohne besondere Kennzeichnung nicht zu der Annahme, dass solche Namen im Sinne der Warenzeichen- und Markenschutz-Gesetzgebung als frei zu betrachten wären und daher von jedermann benutzt werden dürften.

Umschlaggestaltung: KünkelLopka Medienentwicklung, Heidelberg
Druck und buchbinderische Verarbeitung: Krips b.v., Meppel
Gedruckt auf säurefreiem und chlorfrei gebleichtem Papier
Printed in the Netherlands

ISBN 978-3-531-16076-4

Inhalt

Seite

Inhaltsverzeichnis 5

Vorwort 7

**I. Globalisierung, Religion und Fundamentalismus
- Zu den kulturellen Konfliktlagen gegenwärtiger
Weltpolitik** 9

Einleitung 9

1. Die europäische säkulare Moderne als regionaler
   Sonderfall 11

2. Vielfalt der Moderne, Religion und Fundamentalismus 16

3. Weltgesellschaft, Globalisierung und Religion 20

4. Zur Dynamik kultureller Konfliktlagen in der
   gegenwärtigen Weltpolitik 24

Fazit 28

**II. Nationalismus, Religion und Fundamentalismus in
einer sich globalisierenden Welt - Ein multipler
Modernitätsansatz** 31

Einleitung 31

1. Nationalismus, Religion und Säkularismus:
   Ein multipler Modernitätsansatz 33

2. Nationalismus, Religion und Säkularismus in einer
   zivilisationsvergleichenden Perspektive 39

3. Radikalisierungen des religiösen Nationalismus in
   einer sich globalisierenden Welt 46

Fazit 53

III. Europäisierung, Religion und kollektive Identitäten - Zur kulturellen Konfliktdynamik europäischer Erweiterung und Integration 57

Einleitung 57

1. Europäisierung, Religion und kollektive Identitäten
   - Ein Ansatz multipler Modernitäten 59

2. Europäische multiple Modernität, Religion und
   transnationale kulturelle Integration 63

3. Europäisierung, ethnische Minderheiten und religiöse
   Vielfalt 68

4. Europäische Erweiterung, Religion und
   Zivilisationsgrenzen 72

Fazit 77

Literaturverzeichnis 81
Biografie 93

Vorwort

In diesem Band habe ich drei Vorträge versammelt, die aus einer spezifischen soziologisch-theoretischen und historisch-zivilisationsvergleichenden Perspektive: dem Ansatz multipler Modernitäten versucht, die jüngste Revitalisierung und Politisierung von Religion und ihre Folgen in Form von religiösem Nationalismus und politischem Fundamentalismus für die Konfliktlagen und –dynamiken gegenwärtiger Welt- und Europapolitik zu interpretieren und zu erklären.

Zwei der hier veröffentlichten Texte stellen überarbeitete Fassungen von zwei Vorträgen dar, die ich im Rahmen der Otto-von-Freising-Gastprofessur an der Katholischen Universität Eichstätt-Ingolstadt im WS 2006/07 gehalten habe. Der dritte hinzugefügte Text geht auf einen Vortrag an der Universität Antwerpen im September 2005 zurück.

Ich möchte die Gelegenheit nutzen, mich für die freundlich-kollegiale und intellektuell stimulierende Zeit im Rahmen der Otto-von-Freising-Gastprofessur an der Katholischen Universität Eichstätt-Ingolstadt herzlich zu bedanken. Mein Dank gilt vor allem Prof. Dr. Thomas Schwinn und Dr. Manuela Boatcă, auf deren Initiative die Einladung an mich zustande kam, aber auch den Kolleginnen und Kollegen wie Studierenden, die mich in meiner soziologischen und politischen Position kritisch-produktiv herausgefordert haben.

Eichstätt, Januar 2007

I. Globalisierung, Religion und Fundamentalismus – Zu den kulturellen Konfliktlagen gegenwärtiger Weltpolitik

Einleitung

Seit dem 11. September 2001 vergeht kaum ein Tag, an dem wir nicht mit einem Ereignis im Großen wie im Kleinen konfrontiert werden, das im Zusammenhang mit der Politisierung von Religion oder der religiösen Aufladung von Politik steht. Es ist nicht lange her, dass Papst Benedikt XVI. aufgrund eines islamkritischen Zitats eines mittelalterlichen Kaisers heftig aus der muslimischen Welt angegriffen wurde und nur durch deutliche ökumenische Schritte und Gesten die Wogen glätten konnte. Die Kopftuchdebatte schlägt in den meisten westeuropäischen Einwanderergesellschaft immer neue Wellen. Im vormalig ostdeutschen Berlin-Hellersdorf mobilisieren sich Hunderte, um den schon genehmigten Bau einer Moschee „im Namen des Volkes" zu verhindern. Ein Pfarrer aus Erfurt verbrennt sich aus Protest gegen die für ihn nicht ausreichend erkannte Gefahr der Islamisierung Europas. Die Lage im Irak wird durch die sich intensivierende ethnisch-religiöse Gewalt immer prekärer. Ebenso beginnt sich die Lage in Afghanistan wieder zu verschlechtern, seitdem die Taliban wieder verstärkt militärisch auftreten. Somalia und Sudan sind Dauerkrisenherde. Ebenso scheint der nationalistisch-zivilisatorische Konflikt zwischen Israel und Palästina in Form einer auf- und abebbenden Gewaltspirale kaum lösbar.

Der amerikanische Politikwissenschaftler Samuel Huntington schien diese kulturell-religiöse Konfliktdynamik vorhergesehen zu haben, als er schon 1993 mit dem Stichwort *Clash of Civilizations* (Huntington 1993, 1996) eine neue Epoche der Weltpolitik diagnostizierte. Er meint damit die, nach der vergangenen ideologischen Großkonfrontation zwischen kommunistischer und westlicher Welt, zunehmende Tendenz einer Strukturierung internationaler politischer Konflikte zwischen Nationalstaaten und ethnischen Gruppierungen entlang der Bruchlinien von Zivilisationen. Die Grundlagen seiner Diagnose sind dabei: der allgemeine Aufschwung von Religion; das wachsende Selbstbewusstsein von Zivilisationen im Kontext von Globalisierung; das durch Verstärkung der Prozesse internationaler Migration intensivierte Aufeinandertreffen von Religionen; sowie die Tendenz des Westens, seine militärische und ökonomische Übermacht gegen den Rest der Welt auszuspielen, statt umgekehrt sich als eine Weltmacht unter anderen zu bescheiden und dadurch anti-westliche Reaktionen in anderen Zivilisationen abzumildern.

Bekanntermaßen ist die Aufnahme der Huntington'schen Thesen in Deutschland nicht gerade freundlich gewesen: im Kern wurde ihm unterstellt, er sage die Entstehung von Großkonflikten zwischen Zivilisationen voraus (Müller 2003); die Forderung nach einer Selbstbeschränkung des Westens unter Einschränkung internationaler Migration stieß auf deutliche Kritik; die Rede vom Kulturkampf lenke von den eigentlich politisch und ökonomisch motivierten Konfliktlagen ab (Müller 1998); und überhaupt: wie kann sich ein führender sozialwissenschaftlicher Politologe der „Kulturwende" anschließen und plötzlich der Religion ein so großes Gewicht zumal in der Weltpolitik zumessen?[1]

Im Folgenden möchte ich nun keine erneute Huntington-Debatte vorführen, sondern mich als historisch-vergleichend orientierter Soziologe vor allem auf vier sachliche Kernfragen konzentrieren:
1. unter dem Stichwort: Europäische säkulare Moderne: Was sind die Ursachen für den weltweiten Aufschwung der Religion in der Gegenwart?

---

1 Entgegen Huntingtons eigener methodologischer Charakterisierung, dass er nicht einen Großkonflikt von Zivilisationen vorhersage, sondern die Zunahme von Konflikten an den Bruchlinien der Zivilisationen annehme, wird ihm etwa von Harald Müller (1998, 2003) genau diese Großkonfliktthese unterstellt und diese dann gründlich widerlegt. Dabei ist an dieser und anderen Kritiken richtig, dass Huntington in der Tat von der inneren Komplexität und Widersprüchlichkeit von Zivilisationen in problematischer Weise abstrahiert (so etwa Eisenstadt 2001). Doch hat Huntington vor allem das Verdienst, die Kultur- und Religionsblindheit der dominanten sozial- und politikwissenschaftlichen Ansätze durchbrochen zu haben (vgl. Huntington 1995 und parallel Stepan 2001). D. Senghaas (1995) hat als einer der wenigen die sachliche Problematik der Huntington-These ernstgenommen und ein historisch-vergleichendes Analyseprogramm skizziert, das Kulturkämpfe im Kern durch Entwicklungskrisen von Peripherien im Verhältnis zu entwickelten Zentren bedingt sieht. Vgl. ders. (2004: 275-292).

2. unter dem Stichwort Fundamentalismus: Welche Ursachen führen zur religiösen Aufladung von Politik oder einer Politisierung von Religion?
3. unter dem Stichwort Globalisierung: Welche Rolle spielen transnationale und globale Prozesse in der Herausbildung fundamentalistischer Konflikte? Und abschließend
4. unter dem Stichwort: kulturelle Konfliktlagen gegenwärtiger Weltpolitik: welche Faktoren führen gerade in der Gegenwart zur fundamentalistischen Eskalierung in der internationalen Politik und welche Hoffnungen auf Deeskalierung der religiös aufgeladenen Konfliktlagen gibt es?

1. Die europäische säkulare Moderne als regionaler Sonderfall

Der Aufschwung der Religion, die Politisierung von Religion und die religiöse Aufladung von Politik - wie sie sich seit der Iranisch-Islamischen Revolution angedeutet und seit dem Zusammenbruch der Sowjetunion weltweit verstärkt haben - zeigen vielfältige Erscheinungsformen. Am auffälligsten sind zunächst die verbreitete Mobilisierung von religiös-politischen Bewegungen und die vielfältig religiöse Prägung von nationalen und ethnischen Identitäten in weiten Teilen der Welt (Spohn 2002, 2003). Man denke nur an die sozialkatholische Solidarnosc im Rahmen eines katholisch geprägten polnischen Nationalismus; die enge Verbindung von Religion und Nation in anderen mittel- und osteuropäischen Transformationsgesellschaften; die religiöse Mobilisierung sozialer Bewegungen, namentlich auch von Frauen, bis hin zur Etablierung theokratischer Regimes in islamischen Ländern; oder auch die religiös-nationalistischen und religiös-ethnischen Konflikte zwischen Hindus, Muslimen, Sikhs, Buddhisten und Christen in süd- und südostasiatischen Ländern (Juergensmeyer 2005). Zugleich finden aber die Formen der Politisierung von Religion in einem Kontext der weltweit massiven Expansion der Weltreligionen statt: vor allem des Christentums in Form eines sozialen Katholizismus und eines evangelikalen Protestantismus in Lateinamerika, Afrika und Asien sowie der christlichen Orthodoxie in

Osteuropa und Eurasien; ebenso wie des Islam in Afrika, Zentralasien und Europa; aber auch des Hinduismus und des Buddhismus in Süd- und Ostasien (Berger 2001, Juergensmeyer 2005).

Aus der Perspektive der nach dem 2. Weltkrieg dominanten und nach wie vor einflussreichen sozial- und kulturwissenschaftlichen Ansätze lassen sich diese Phänomene der Expansion, Revitalisierung und Politisierung von Religion nur schwerlich erklären. Diese Ansätze wurden vor allem durch das Modernisierungsparadigma und die für sie konstitutive Säkularisierungsthese geprägt, die auch von kritischen, neomarxistischen und postmodernistischen Strömungen unbefragt geteilt wurde. Das Modernisierungsparadigma besteht im Kern in der Annahme eines Bündels von langfristigen Prozessen sozialen und kulturellen Wandels wie soziale und funktionale Differenzierung, kapitalistische Entwicklung, politische Demokratisierung, Wertepluralisierung und Individualisierung (Berger 1996, 2005). Parallel wird angenommen, dass Modernisierung mit Säkularisierungsprozessen in Form der strukturellen Differenzierung von Religion und Staat, des sozialen und kulturellen Bedeutungsverlusts von Religion sowie der Individualisierung oder Privatisierung von Religion verbunden ist und auf diesen Grundlagen die Formen der nationalen Integration, des Nationalismus und der nationalen Identität sich sowohl in einer demokratisch-pluralistischen wie auch säkular-zivilreligiösen Gestalt ausprägen (Pollack 2003). Auf diesen theoretischen Grundlagen waren die weltweit sich verstärkenden Prozesse der Revitalisierung und Politisierung der Religion nicht zu erwarten und entsprechend begannen in Sozial-, Kultur- und Geschichtswissenschaften Revisionen sowohl der Säkularisierungsthese als auch der Modernisierungstheorie[2].

Es sind vor allem zwei Subdisziplinen: die Religionssoziologie und die vergleichende Nationalismusforschung, in denen die Thesen der Säkularisierung und der säkularen Zivilreligion kritisch überprüft und modifiziert wurden. So entwickelten sich in der Religionssoziologie Ansätze – namentlich die von David Martin (1978, 2005) und José Ca-

---

2 Zwei Sammelbände geben Überblicke zum gegenwärtigen Stand der Diskussion zu Politik und Religion: M. Minkenberg/U. Willems (2003) aus mehr politik- und sozialwissenschaftlicher und B. Giesen/D. Suber (2004) aus mehr soziologisch-kulturwissenschaftlicher Perspektive. Für den neuesten Stand in den Geschichtswissenschaften G. Haupt/D. Langewiesche (2001).

sanova (1994), die unterschiedliche Dimensionen von Säkularisierung wie die institutionelle Differenzierung zwischen Staat und Religion, dem sozio-kulturellen Bedeutungsverlust sowie die Privatisierung von Religion unterschieden und den variierenden konfigurationellen Entwicklungszusammenhang dieser Dimensionen in den verschiedenen Weltregionen und Weltreligionen im historisch-soziologischen Vergleich untersuchten[3]. Im Ergebnis zeigt sich, dass nur in Europa, wenn auch mit Ausnahme einiger peripherer Länder, die im 19. und 20. Jahrhundert zunehmende institutionelle Trennung von Staat und Religion von einer starken kulturellen Abkehr von Religion begleitet war. Je nach dem herrschenden Religionstypus: Protestantismus, Katholizismus, protestantisch-katholische Mischform und christliche Orthodoxie verlief hier die institutionelle und kulturelle Säkularisierung in unterschiedlichen Bahnen; wohl resultieren diese Prozesse in der Gegenwart in insgesamt deutlich säkularisierten Gesellschaften, ohne freilich ihre religiösen Kernbestandteile aufzulösen (Davie 2000, Hervieu-Léger 2003, Martin 1996). Demgegenüber war in den USA die frühe institutionelle Trennung von Staat und Religion von einem deutlichen kulturellen Aufschwung von Religion während des 19. und 20. Jahrhunderts begleitet und entsprechend hoch bleibt dort das Religiositätsniveau auch in der Gegenwart. Noch weniger treffen die europäischen Bedingungen auf die nicht-christlichen Zivilisationen zu. Weder im Islam noch im Buddhismus, Hinduismus und Konfuzianismus hat es im europäischen Sinne die Institutionen der Kirche und Staatskirche sowie eine durch Protestantismus, Aufklärung, Liberalismus, Sozialismus und Kommunismus angetriebene kulturelle Säkularisierungsbewegung gegeben. Modernisierungsprozesse sind in nicht-europäischen Gesellschaften wohl häufig mit institutioneller Differenzierung von staatlicher und religiöser Sphäre aber zugleich mit religiöser Aktivierung, Mobilisierung und Pluralisierung begleitet. Europa stellt somit nicht ein universales Modell, sondern einen Sonderfall institutioneller und kultureller Säkularisierung dar.

---

3 Neben D. Martin und J. Casanova sind u.a. hervorzuheben: S. Bruce (1992, 1996) und K. Gabriel/Reuter (2004).

In einer parallelen Entwicklung wurde auch in der Nationalismusforschung die im Rahmen des Modernisierungsparadigmas vorherrschende Konzeption eines säkularen Nationalismus oder einer säkularen Zivilreligion als Grundmerkmal entwickelter moderner Gesellschaften in Frage gestellt (Überblicke in Delanty/Kumar 2006). Namentlich Adrian Hastings (1997) und Anthony Smith (2001, 2003) haben jüngst die religiösen Grundlagen und Dimensionen nicht nur der vormodernen, sondern auch der modernen Formen des Nationalismus und der nationalen Identität gerade auch im Blick auf Europa aber auch auf nichteuropäische Regionen und Nationen herausgearbeitet. Adrian Hastings hat dabei vor allem den engen Zusammenhang zwischen dem biblischen Modell der Nation, der Übersetzung der Bibel in Umgangssprachen und die Herausbildung ethnischer und nationaler Identitäten analysiert. Anthony Smith geht von dem sakralen Kern ethnischer und nationaler Gemeinschaft aus und hat auf dieser Grundlage die weitverbreitete Figur des auserwählten Volkes historisch-vergleichend untersucht. Im Kern wird hier auf die Durkheim'sche Grundidee der sakralen Gemeinschaft und ihrer säkularreligiösen Reproduktion in modernen Gesellschaften zurückgegriffen und sie mit einem Weber'schen historisch-vergleichenden soziologischen Forschungsprogramm zum Verhältnis von religiösen und säkularen Komponenten in der Formierung kollektiver Identitäten verbunden. Folgt man den bisherigen Ergebnissen dieses Zweigs der Nationalismusforschung, so gilt zunächst für Europa, dass die gegenwärtige Formierung der jeweiligen nationalen Identitäten trotz tiefgreifender Säkularisierungsprozesse religiöse Kernbestandteile und Komponenten aufweisen und somit nicht ausreichend als säkulare Zivilreligionen, wie es sich in Soziologie und Politikwissenschaft eingebürgert hat, gekennzeichnet werden können[4]. Dies gilt noch mehr für die USA, wie es schon lange Robert Bellah (1975) in seiner Untersuchung der amerikanischen: republikanischen und puritanischen Zivilreligion gezeigt hat (vgl. auch Bellah/Hammond 1981). Im Vergleich zu diesen westlich-christlichen Fällen sind kollektive, nationale wie ethnischen

---

4 In Spohn (2003b) habe ich einen systematisch-vergleichenden Versuch einer historisch-soziologischen Erklärung unterschiedlicher Konfigurationen von Nationalismus und Religion in West- und Osteuropa vorgelegt. Vgl. auch meinen Überblick zu Nationalismus und Religion in Osteuropa (Spohn 1998).

Identitäten in den nicht-europäischen Weltregionen mit ihrem geringen Säkularisierungsgrad viel stärker durch religiöse Komponenten, häufig vermittelt durch imperialen Kolonialismus und christliche Mission (Lehmann/Veer 1996, Veer 1993), als durch säkulare und säkularreligiöse Schichten beeinflusst[5].

Diese grundlegenden Revisionen der Säkularisierungsthese in der jüngsten Religionssoziologie und Nationalismusforschung ergeben nun ein deutlich verändertes Bild der Religionen und ihrem Verhältnis zu Staat, Nation und Gesellschaft in den verschiedenen Weltregionen. Peter Berger hat sie in einem kürzlich erschienen Sammelband unter dem Stichwort der Desäkularisierung zusammengefasst (Berger 1999). Europa erscheint so nicht mehr als universales Modell eines evolutionären Säkularisierungsprozesses, sondern in seiner spezifischen Ausprägung als regionaler Sonderfall, der allerdings durch mehr Religion gekennzeichnet ist als es die modernisierungstheoretische Säkularisierungsthese unterstellte. Entsprechend problematisch erweist es sich, den europäischen Sonderfall auf andere Weltregionen zu projizieren (vgl. Smith 1975). Sie vollziehen im Kontext von intensivierten Globalisierungsprozessen im Rahmen unterschiedlicher Zivilisations- und Religionsformen wohl weitverbreitete, wenn auch extrem ungleiche Modernisierungsprozesse, die aber nicht durch Europa-analoge Säkularisierungsprozesse begleitet sind. Mit solchen Revisionen der Säkularisierungsthese erscheint nun die gegenwärtige religiöse Weltlage, die Expansion und Rückkehr von Religion sowie ihre Politisierung weitaus weniger überraschend. Dennoch bleibt die Frage, warum diese religiösen und religiös-politischen Phänomene gegenwärtig verbreitet in fundamentalistischen Formen stattfinden. Um diese Frage zu beantworten, reicht die bisher diskutierte Revision der Säkularisierungsthese allerdings nicht aus; dazu bedarf es auch der Revision der vorausgesetzten Modernisierungstheorie.

---

5 Aufschlussreiche Studien zu nicht-europäischen Ländern enthalten T.G.Jelen/C. Wilcox (2001).

2. Vielfalt der Moderne, Religion und Fundamentalismus

Eine der wichtigsten und aktuellsten Revisionen der Modernisierungstheorie, die den zentralen Stellenwert von Religion und Fundamentalismus im Rahmen von Modernisierungsprozessen begründet, stellt der Ansatz der *multiple modernities* des israelischen Soziologen Shmuel Eisenstadt (2000, 2002, 2003, 2006; vgl. Knöbl 2001; König 2005; Spohn 2001) dar. Im Unterschied zu den herrschenden Spielarten der Modernisierungstheorie, aber auch ihrer neomarxistischen und postmodernistischen Kritik, sieht Eisenstadt die erwähnten Grundprozesse der Modernisierung nicht nur als sozial-ökonomische und politisch-institutionelle Vorgänge, sondern ebenso sehr als kulturelle Modernisierungsprozesse, die durch kulturelle Modernitätsprogramme sozialer Akteure gesteuert sind. In dieser Perspektive werden Tradition, Kultur und Religion nicht durch Modernisierung ab- oder aufgelöst, sondern haben in ihrer jeweilig kulturspezifischen Entwicklung in den verschiedenen Zivilisationskomplexen einen zentralen Stellenwert in der Ausbildung unterschiedlicher Formen von Modernität und Modernisierung. Statt anzunehmen, wie es die dominante Modernisierungstheorie tut, dass die weltweiten Modernisierungsprozesse in einem gemeinsamen Modell europäischer oder westlicher Modernität konvergieren, sieht Eisenstadt eine Vielfalt von Modernen auf der Grundlage unterschiedlicher Zivilisationskomplexe sich entwickeln. Entsprechend verbindet sich auch das von ihm vertretene Programm der Vielfalt der Modernen mit einem zivilisationsvergleichenden Forschungsansatz, das er mithilfe von Gleichgesinnten zu den wichtigsten Weltreligionen und -zivilisationen in einer Vielzahl von Untersuchungen ausgearbeitet hat (Eisenstadt 1987, 1992, 1996; Roniger/Waisman 2002; Sachsenmaier/Riedel 2002)[6].

Der Ausgangspunkt der Eisenstadt'schen zivilisationsvergleichenden Analysen ist zunächst die historische Entstehungsphase der Achsenzeitzivilisationen—einen Begriff, den er von Karl Jaspers übernimmt und damit die gemeinsame, teilweise verknüpfte und teilweise unabhängig voneinander vonstatten gehende, Entstehung der Weltreligi-

---

6 Eine interessante Forschungsperspektive zeichnet sich hierzulande unter den Optionen Einheit und Vielfalt der Moderne und entsprechenden struktur- und kulturvergleichenden Untersuchungen, vgl. Schwinn 2006.

onen von Judentum, Christentum, Islam, Hinduismus, Buddhismus und Konfuzianismus in der Achsenzeit von 500 vor bis 650 nach Christus meint (Eisenstadt 1987, 1992)[7]. Den geschichtswirksamen kulturellen Kern der Achsenzeitzivilisationen sieht Eisenstadt dabei in der prinzipialisierten Unterscheidung zwischen einer transzendental-göttlichen und einer immanent-menschlichen Welt—eine Unterscheidung, die die weltliche Welt mit ihren sozialen und institutionellen Ordnungen nun unter die Wertehegemonie und den Legitimationszwang der göttlichen Welt bringt und dadurch einer moralisch-kulturellen Entwicklungsdynamik unterwirft. Diese entwicklungsdynamischen Konsequenzen sieht Eisenstadt in der Formierung nicht nur von orthodoxen Eliten, sondern auch heterodoxen Sekundär- und Gegeneliten, die in den einzelnen Weltzivilisationen zentral zu sozialen und politischen Veränderungen beitragen. Auf diesen Grundlagen entwickelt sich zunächst im christlichen Europa über Reformation, Gegenreformation, Aufklärung und politische Revolutionen die originäre Moderne heraus (Eisenstadt 2000). Aber auch in den anderen Weltzivilisationen, oft vermittelt durch den kolonialistischen und imperialistischen Einfluss Europas, entwickeln sich Umbrüche zur Moderne – allerdings nicht in einer schlichten Kopie Europas, sondern in je eigenen zivilisatorischen, religiösen und kulturellen Formen.

Der Dualismus zwischen transzendentaler und immanenter Welt macht sich nun allerdings nach Eisenstadt auch in den Umbrüchen zur und der Entwicklung der vielfältigen Modernen bemerkbar. So sieht er die Moderne in ihren Spielarten nicht wie die Modernisierungstheorie als die Entwicklung einer letztlich konfliktfreien demokratisch-konstitutionellen sozio-politischen Ordnung, sondern als spannungsreiche, konfliktgeladene und widersprüchliche Entwicklungsdynamik, der

---

[7] Jaspers setzt die Achsenzeit von 800 v. Chr. bis 200 n. Chr. an, da er die geistes- und religionsgeschichtlichen Neuerungen im Auge hat. Nach Eisenstadt (1987b, 1992a) müssen auch die Kristallisationen von Zivilisationen mit einbezogen werden, die im Falle des Christentums und des Islam später liegen und nicht nur kulturgeschichtlich, sondern auch im Zusammenhang von Reichsbildungsprozessen erklärt werden müssen (vgl. Arnason 2003).

vor allem der Gegensatz zwischen pragmatisch-pluralistischen und utopisch-totalistischen oder totalitären Entwicklungskräften und -tendenzen zugrunde liegt (Eisenstadt 1996a). Entsprechend spricht er auch von der Fragilität von Modernisierungsprozessen (Eisenstadt 1995), die unter bestimmten Bedingungen zusammenbrechen oder in Barbarei umschlagen können (Eisenstadt 1996); von den Paradoxien der Demokratie, die nicht nur auf pragmatisch-pluralistischen Formen der Konsensusbildung im Rahmen eines Rechtsstaats aufruht, sondern auch durch partizipatorische und prinzipialistische Formen sozialer Bewegungen und sozialen Protests mit Dissens, Spannungen und Konflikten verbunden ist (Eisenstadt 1999a); oder er spricht allgemeiner von den Antinomien der Moderne, die sich im Widerspruch von unterschiedlichen Modernitätsprinzipien manifestiert (Eisenstadt 1996a). Für ganz zentral hält er hier das, was in heutigem Sprachgebrauch als Fundamentalismus bezeichnet wird: die prinzipialistische und totalistische Insistenz auf universellen oder für universell gehaltenen Werten, der Einfluss dieser totalistischen Werthaltungen auf soziale und politische Bewegungen und ihre Umsetzung in revolutionären politischen Umbrüchen und der Etablierung von neuen politischen Herrschaftsordnungen[8]. Diese religiösen und politischen fundamentalistischen Bewegungen können dabei sowohl in religiösen und säkular-religiösen oder jakobinistischen Formen auftreten und sind als solche in der Sichtweise Eisenstadts nicht, wie es viele Ansätze annehmen traditionalistisch-anti-modern, sondern im Kern modern: ein zentraler Bestandteil von Modernisierungsprozessen und Modernitäten nicht nur in Europa, sondern auch in anderen, nicht-europäischen Zivilisationen der Welt (Eisenstadt 1993, 2001).

Im Blick auf die gegenwärtigen Spielarten des Fundamentalismus in vielen Regionen und Ländern der Welt liegt die Bedeutung des Eisenstadt'schen Ansatzes multipler Modernitäten darin, dass er sie in einer historisch-langfristigen Perspektive zivilisationsvergleichend analysiert (1999b). So vergleicht er proto-fundamentalistische und fundamentalistische Bewegungen in Katholizismus und Protestantismus, Or-

---

8 Zur Analyse gegenwärtiger Erscheinungsformen des Fundamentalismus vor allem die monumentale international vergleichende Studie von Marty/Appleby (1990-1995), ebenso unter vielen anderen Ali 2002, Bielefeldt/Heitmeyer 1997, Gentile 2001, Meyer 1989, Booth/Dunne 2002, Juergensmeyer 1993, 2001, Kepel 1994, Marty 2005, und Ruthven 2005.

thodoxie, Judentum und Islam und deckt dadurch interessante Parallelen etwa zwischen den radikalen Strömungen der Protestantischen Reformation in Europa, des evangelikalen Protestantismus in den USA seit Beginn des 20. Jahrhunderts und den islamisch-fundamentalistischen Bewegungen in der Gegenwart auf[9]. Oder er zeigt ähnliche Strukturmuster in katholischen und orthodoxen oder in hinduistischen und buddhistischen fundamentalistischen Bewegungen auf. Ebenso sieht er Kontinuitätslinien zwischen dem säkular-religiösen Jakobinismus der Französischen Revolution und den totalistischen sozialistisch-kommunistischen sowie den nationalistisch-kommunalen Bewegungen und den aus ihnen hervorgehenden totalitären politischen Regimes. Ihre soziale Virulenz erhalten diese fundamentalistischen Bewegungen dabei vor allem in ihrer Verbindung mit ethnischen, ethno-nationalen und nationalistischen Bewegungen im Kontext von modernen Prozessen der Nationalstaatsbildung und Demokratisierung. Allerdings unterscheiden sich diese vielfältigen fundamentalistischen Bewegungen je nach Religions- und Säkularisierungsmuster, je nach den Kontexten von Staatsformierung, Nationsbildung und Demokratisierung oder je nach den sozioökonomischen Modernisierungsbedingungen in den Zentren und Peripherien der Weltgesellschaft.

Ich will mich nun nicht weiter in die Details der Eisenstadt'schen zivilisationsvergleichenden Untersuchungen vertiefen, sondern nur festhalten, dass der Eisenstadtsche Erklärungsansatz sich vor allem von den genannten Modernisierungsansätzen darin unterscheidet, dass er fundamentalistische Bewegungen weder als durch Modernisierungsprozesse bedrohte Tradition noch als Übergangsphänomene zwischen Tradition und Moderne oder als Reaktion auf Krisenerscheinungen

---

9 Interessant ist Eisenstadts Reinterpretation der Weberschen These des Zusammenhangs zwischen Protestantischer Ethik und der Entstehung des Kapitalismus: statt sie als Kausalbeziehung zu interpretieren, die - wie die lange kritische Weberdebatte gezeigt hat - historisch eben nur partiell zutrifft, sieht er den Kern der Weberthese im Wandlungspotential des Protestantismus, das nicht nur ökonomisch, sondern auch politisch, institutionell und kulturell wirksam wird (Eisenstadt 2006:89-137). Aus dieser Reinterpretation ergeben sich dann wegweisende Vergleiche zwischen fundamentalistischen Strömungen innerhalb der protestantischen Reformation und der gegenwärtigen Rolle fundamentalistischer Strömungen in islamischen Gesellschaften, vgl. Utvik (2003).

der Moderne deutet, sondern im Kern als religiöse und kulturelle Kräfte der Modernisierung selbst und so als integralen Bestandteil der vielfältigen Modernen fasst. Zugleich legt er dabei, wie die von ihm kritisierte Modernisierungstheorie auch, den Schwerpunkt der Erklärung vor allem auf die inneren Entwicklungsdynamiken von Zivilisationen und Modernisierungsprozessen als allgemeine Grundlage für fundamentalistische Radikalisierungen. In diesem Sinne handelt es sich um eine historisch-genealogische Erklärung der in der Gegenwart sich intensivierenden Formen fundamentalistischer Strömungen im Rahmen vielfältiger Modernen. Allerdings bleibt dabei unklar, warum diese sich gerade heute intensivieren und welche Rolle dabei die exogenen Faktoren spielen. Sie werden in der Soziologie unter den Stichworten Weltgesellschaft, Weltsystem und Globalisierung thematisiert und verbinden sich mit Theorien der globalen Moderne, die die Aktivierung und Politisierung von Religion als konservative Reaktion auf globale Strukturen oder sich intensivierende Globalisierungsprozesse erklären.

3. Weltgesellschaft, Globalisierung und Religion

Während die bisher behandelten Theorieperspektiven Revisionen der überkommenen Modernisierungstheorie und der für sie konstitutiven Säkularisierungsthese darstellen, hält eine dritte Theorieperspektive diese Revisionen generell für nicht ausreichend, da sie sich letztlich nur auf endogene Faktorenbündel von Nationalgesellschaften und Zivilisationen konzentrieren. Stattdessen gehen die zunehmend einflussreichen Theorien der Weltgesellschaft (Greve/Heintz 2005, Luhmann 1975, Stichweh 2000; als Überblick Wobbe 2001) oder des Weltsystems (Wallerstein 2000) einerseits und die der Globalisierung (u.a. Boli/Lechner 2002, Held/McGrew 2000, Robertson 2006, Scholte 2002) andererseits davon aus, dass sich die gegenwärtige Aktivierung und Politisierung von Religion am besten durch die seit dem Zusammenbruch des Kommunismus vonstatten gehende Rekonstruktion der Weltgesellschaft oder des Weltsystems und der Intensivierung von Globalisierungsprozessen zu erklären seien. Alle diese Versionen einer Theorie der globalen Moderne sind von ihrer Anlage deutlich unterschieden[10], doch verfolgen sie bezogen auf die gegenwärtige Aktivierung und Politisierung von Religion eine gemeinsame Erklärungsstrategie. Danach sind es primär die, über den Nationalstaat hinausgehenden, transnationalen und globalen Strukturen oder Interaktionszusammenhänge, die eine defensive Reaktivierung von Religion, Nationalismus und Fundamentalismus hervorrufen. Theorien der Weltgesellschaft oder des Weltsystems betonen dabei vor allem die Einbettung von Nationalgesellschaften in überlagernde globale Systemstrukturen. Theorien der Globalisierung konzentrieren sich demgegenüber auf die sich intensivierenden transnationalen Prozesse zwischen Nationalgesellschaften, die das ökonomische, politische und kulturelle Gewicht transnationaler Räume, Institutionen und Interaktionen gegenüber den nationalstaatlichen Gesellschaften verstärkt, diese dadurch verändert und in ihnen reaktive religiös-politische Gegenbewegungen mobilisiert.

Einerseits sehen Theorien des Weltsystems und der Weltgesellschaft die langfristige global-kulturelle Grundtendenz – durchaus parallel zur Modernisierungstheorie wenn auch mit verschiedenen Argumentationsmustern – in der weltweiten Durchsetzung von Säkularisierungsprozessen. Allerdings vollzieht sich diese nicht geradlinig, sondern mobilisiert gegensätzliche Prozesse der Aktivierung und Politisierung von Religion. So werden etwa in der neomarxistischen Theorie des modernen Weltsystems von Immanuel Wallerstein im Kern die Peripheralisierung von Gesellschaften durch das entwickelte kapitalistische Zentrum des Westens, ihre Ausbeutung und Verarmung als Nährboden für eine antisystemische Radikalisierung von Religion angesetzt (etwa Wallerstein

---

10 Die Diskussion zu Weltgesellschaft, Weltsystem und Globalisierung leidet m. E. daran, dass sie vor allem hierzulande weitgehend unter dem Vorzeichen einer allgemeinen Theorie des Globalen geführt wird. Dabei werden jeweils unterschiedliche Aspekte des Globalen herausgegriffen, die besser in ihrem Zusammenhang untersucht und nicht als sich gegenseitig Ausschließendes thematisiert werden sollten. Das gilt einerseits für das Verhältnis der kommunikationstheoretisch angelegten Weltsystemtheorien zu den politökonomisch begründeten Theorien des Weltsystems, die beide globale Strukturen untersuchen, sowie andererseits für deren Verhältnis zu den Globalisierungstheorien, die sich vor allem auf die transnationalen und transzivilisatorischen Aspekte des Globalen beziehen.

2002: 100-123). Oder in dem von John Meyer entwickelten *world polity* Ansatz sind es die welt-durchdringenden westlichen Rationalitätsprinzipien und -strukturen, die traditionale Formen der Religion bedrohen und im Gegenzug reaktivieren (Boli/Lechner 2005, Meyer 2005). Oder auch in den Ansätzen der Weltgesellschaft im Anschluss an Niklas Luhmann (1975) wird die Durchsetzung von Säkularisierung im Sinne von globalen Prozessen der institutionellen Differenzierung von religiösen und politischen Strukturen sowie der Privatisierung von Religion als universale Entwicklungstendenz gesehen, in deren Rahmen dann etwa nach Peter Beyer (1994, 2003) entweder eine liberal-säkularisierende Anpassung oder eine konservativ-fundamentalistische Verweigerung verbleibt. Allerdings sind alle diese Theorievarianten des globalen Systems meines Erachtens nur in der Lage, die Optionen Säkularisierung oder Radikalisierung von Religion in die Weltgesellschafts- oder Weltsystemstrukturen einzuordnen, nicht jedoch schlüssig zu erklären, warum gerade jetzt und in welchen Formen eine religiöse Aktivierung oder fundamentalistische Radikalisierung erfolgt.

Eine ähnliche grundsätzliche Schwierigkeit haben andererseits auch die meisten inzwischen fast unübersehbar gewordenen Globalisierungstheorien (Held et al. 2002, Scholte 2001), wenn sie vor allem die sich intensivierenden transnationalen ökonomischen wie politischen Prozesse, Interaktionen und Institutionen im Auge haben. Auch hier wird vor allem der mit den ökonomischen und politischen Globalisierungsprozessen verbundene Rationalisierungs- und Säkularisierungsdruck betont, auf den traditionelle Religionsformen in Reaktion auf die Schattenseiten und Krisenerscheinungen der westlich dominierten Globalisierung mit radikalisierender Mobilisierung und Politisierung reagieren. Erklärungskräftiger scheinen mir dagegen diejenigen globalisierungstheoretischen Varianten zu sein, die nicht nur die ökonomischen und politischen, sondern auch die kulturellen Globalisierungsprozesse thematisieren[11]. Hier ist an erster Stelle die *Glokalisierungstheorie* von Roland Robertson (1992, 2003) zu nennen, der den Interaktionszusammenhang zwischen Global und Lokal und dessen sich verdichtende Verschränkung

---

11 Hier sind insb. auch neuere Ansätze zu Religion und Globalisierung in der international vergleichenden Politikwissenschaft und den Internationalen Beziehungen zu nennen, etwa Haynes (2003) und Thomas (2006).

im Zuge von sich intensivierenden Globalisierungsprozessen in den Mittelpunkt stellt. So definiert Robertson Globalisierung als materielle und kognitive Verdichtung der Welt und sieht ihre Intensivierung in der gegenwärtigen Periode (Robertson 1992: 8). Diese sich intensivierende materielle und kulturelle Verdichtung der Welt schließt die verstärkte Begegnung und Konfrontation von unterschiedlichen Kulturen, Religionen und Zivilisationen ein und schärft so das Kultur- und Religionsbewusstsein der verschiedenen Zivilisationen. Zentral in dieser kulturellen Verdichtung sind globaler Kulturaustausch, globale Kommunikationsbewegungen und transnationale wie internationale Migrationsprozesse. An dieser kulturellen Verdichtung der Welt sind vor allem auch die verschiedenen transnational organisierten Weltreligionen beteiligt, die in transnationalen Kommunikationsflüssen, internationalen Migrationsprozessen und religiösen Konversionsbewegungen einen besonderen Stellenwert einnehmen.

Wie ich meine, eröffnet diese kulturelle Perspektive auf Globalisierung als materielle und kognitive Verdichtung der Welt einen Schlüssel für die Erklärung der Aktivierung und Politisierung von Religion in der gegenwärtigen Globalisierungsphase. Klaus Eder (2003) hat im Anschluss an Jürgen Habermas (2003) und Niklas Luhmann (2000) versucht, die gegenwärtige kulturelle und religiöse Entwicklung in Europa unter dem Einfluss globaler Kommunikation als post-säkular zu bestimmen. Auch wenn ich diese Begriffsbestimmung nicht für ganz glücklich erachte, da sie den Säkularisierungsgrad Europas im Einklang mit der Modernisierungstheorie zu hoch und den Religionsgrad entsprechend zu niedrig ansetzt, so zeigt sie doch richtig den Zusammenhang von kultureller Globalisierung und einem, in der intensivierten Auseinandersetzung mit anderen Religionen und Zivilisationen, sich verstärkenden christlichen und humanistischen Kultur- und Identitätsbewusstsein Europas auf. Dasselbe lässt sich umso mehr auch für die nicht-europäischen Religionen und Zivilisationen sagen. Auch hier führen auf dem historischen Boden von europäischen Kolonisierungserfahrungen der zunehmende kulturelle Einfluss der westlichen, europäischen und amerikanischen Kultur im eigenen Land wie in der Diaspora zu einer Schärfung des eigenen Religions- und Zivilisationsbewusstseins (Osterhammel 1995, Osterhammel/Petersson 2003). Allerdings fehlt nicht nur in den ökonomischen und politischen Varianten, sondern auch in den kulturellen Variante der Globalisierungstheorie das erklärende Bindeglied, warum diese intensivierte Kulturbegegnung sich in der Gegenwart verstärkt in fundamentalistischen Formen und Konfrontationen statt in friedlichem Miteinander und Kulturaustausch abspielt.

4. Zur Dynamik kultureller Konfliktlagen in der gegenwärtigen Weltpolitik

Ich will den Durchgang durch die wichtigsten soziologischen Ansätze zur Erklärung der gegenwärtigen Aktivierung und Politisierung von Religion mit einem Aufriss meines eigenen Erklärungsansatzes beschließen und auf diesen Grundlagen einige Schlussfolgerungen zur kulturellen Konfliktdynamik in der gegenwärtigen Weltpolitik ziehen. Methodologisch möchte ich zunächst meine kritischen Bemerkungen zu den vorgestellten modernisierungstheoretischen, zivilisationsvergleichenden sowie transnationalen und globalen Ansätzen in dem Postulat zusammenfassen, dass ein Erklärungszugang zur Aktivierung und Politisierung von Religion beide: sowohl die internen gesellschaftlichen, zivilisatorischen und religiösen als auch die externen internationalen, inter-zivilisatorischen und globalen Faktorenbündel kombinieren muss. So reichen weder die Revisionen der Modernisierungstheorie in Religionssoziologie, Nationalismusforschung und vergleichender Zivilisationsanalyse aus, da sie allgemein die Relevanz von Religion in Gesellschaft, Kultur und kollektiven Identitäten sowie ihre fundamentalistische Radikalisierung als integralen Bestandteil der Moderne nachweisen, jedoch damit noch nicht begründen können, warum eine Aktivierung der religiös-fundamentalistischen Komponenten gerade jetzt in der gegenwärtigen Phase in verschiedenen Weltregionen und -kulturen erfolgt. Ebenso bleibt in den transnationalen und globalen Ansätzen unbestimmt, warum die intensivierte Verdichtung der Welt gegenwärtig mit der Aktivierung und Politisierung von Religion verbunden ist. Notwendig ist deshalb eine kontextuelle Konfigurationsanalyse der Art und Weise, wie in der Gegenwart die internen und externen Faktorenbündel miteinander interagieren und wie sich diese gegenüber den weltgeschichtlich vorhergehenden extern-internen Beziehungskonstellationen unterscheiden und verändert haben.

In grober Vereinfachung lässt sich sagen, dass sich über lange Strecken der Weltgeschichte bis an die Schwelle der europäischen Moderne und der mit ihr verbundenen Kolonialgeschichte die Bildung von Imperien und die Etablierung von axialen Religionen in einem wechselseitigen Zusammenhang standen (Arjomand/Tiryakian 2004, Rodoumetof/Robertson 2003). Sie waren von ständigen Konflikten in Form von Völkerwanderungen, kriegerischen Eroberungen und religiösen Konversionsbewegungen begleitet, doch blieben diese im wesentlichen auf aneinander angrenzende Weltregionen geo-politisch territorial beschränkt. Es gab wohl Kulturaustausch und Kulturkonflikt zwischen Zivilisationen und Weltreligionen – namentlich zwischen Judentum, Christentum und Islam einerseits und zwischen Buddhismus, Hinduismus, Taoismus und Konfuzianismus andererseits–, doch blieben diese im Kontext einer sehr geringen Weltdichte auf einzelne Regionen und sporadische Ereignisse beschränkt. Dies änderte sich grundlegend mit dem Aufstieg Europas, bzw. der einzelnen europäischen Mächte und ihrer kolonialen Expansion (Osterhammel/Petersson 2003). Von nun an verstetigten und vertieften sich über wachsenden Welthandel, Siedlungsbewegung und Kolonialherrschaft unter der Ägide der europäischen imperialen Nationalstaaten die inter-zivilisatorischen Beziehungen zwischen den unterschiedlichen Spielarten des europäischen Christentums und den nicht-europäischen Zivilisationen, Kulturen und Religionen. Zugleich waren diese internationalen Beziehungen mit zunehmenden Machtungleichgewichten zwischen der sich modernisierenden europäisch-christlichen Zivilisation und den von ihr durchdrungenen und beherrschten nicht-europäischen Zivilisationen begleitet. Unter diesen Bedingungen wurden Kolonien zu Laboratorien der europäischen Moderne, wurden die europäischen Formen der Moderne hegemonial oktroyiert, orientierten sich die Eliten in den nicht-europäischen Zivilisationen an der europäischen Moderne, übernahmen selektiv ihre Komponenten und passten sie ihren eigenen Zivilisationen an (Conrad/Randeria 2002).

Der Verlust der europäischen Welthegemonie durch die zwei Weltkriege beschleunigte sodann die in der zweiten Hälfte des 20. Jahrhunderts einsetzenden weltweiten Prozesse der Dekolonisierung (Osterhammel 1995), doch standen die antikolonialistischen Unabhängigkeitsbewegungen nach wie vor im Zeichen europäischer Modernisierungsmodelle, die die neu etablierten Eliten unter den jeweils vorhandenen postkolonialen Bedingungen durchzusetzen antraten. Die vielfältigen Formen der postkolonialen Modernisierung waren so meistens Revolutionen von oben, die modernisierende Entwicklungsprozesse mit autoritären, diktatorischen oder totalitären Mitteln und zugleich säkularen und säkularistischen Formen ins Werk setzten. Zugleich führte die Ablösung der europäischen Hegemonie durch den globalen Ost-West-Konflikt zu einer intensivierten Einflussnahme der westlichen und östlichen Hegemonialmacht auf die vielfältigen Entwicklungsprozesse der Zivilisationen der Dritten Welt. Während die Erste Welt eher mit den überkommenen Eliten modernisierende und säkularisierende Reformen von oben durchzusetzen versuchte, unterstützte die Zweite Welt eher revolutionär-säkularistische Bewegungen von unten. In beiden Varianten jedoch – und darauf kommt es hier an – wurden häufig Modelle des säkular-modernen Staats in autoritären Formen etabliert. Es sind diese historischen Vorbedingungen, die demokratische Mobilisierungen gegen autoritäre und diktatorische Staatsformen in den meisten postkolonialen Gesellschaften zugleich mit der Aktivierung und Politisierung von Religion einhergehen lassen. Mit dem Zusammenbruch des Sowjetkommunismus und seinen weltweiten Konsequenzen und dem sich damit global durchsetzenden demokratisch-marktkapitalistischen Modell verstärken sich zugleich weltweite Demokratisierungsprozesse, die aber nicht mit institutioneller und kultureller Säkularisierung sondern mit religiöser Differenzierung und Mobilisierung sowohl in pluralistisch-reformerischen wie in totalistisch-fundamentalistischen Formen einhergehen.

Es sind zunächst einmal in erster Linie diese Konfliktlinien zwischen autoritären, meist säkularen Staatsformen und politisch-sozialen Gegenbewegungen in religiöser Form in den postkolonialen Gesellschaften selbst, die darüber entscheiden, ob sich stärker religiös-pluralisierende oder stärker religiös-fundamentalistische Orientierungen politisch und sozial dynamisieren. Dabei sind es vor allem die ethno-religiös segmentierten Sozialstrukturen und Identitäten in den postkolonialen Gesellschaften, die im Kontext hierarchischer Machtstrukturen und in Verbindung mit axialen Religionsformen fundamentalistische Varianten politischer Orientierungen und Konflikte begünstigen. Sodann kommen in zweiter Linie die intensivierten Außeneinflüsse durch die verschiedenen Globalisierungsprozesse unter der Dominanz des Westens und insbesondere der USA hinzu. Hier hat sich einerseits seit dem Zusammenbruch der sozialistisch-kommunistischen Alternative die Attraktivität des westlichen kapitalistisch-demokratischen Modernisierungsmodells deutlich erhöht. Andererseits ist es vor dem kolonialen Erfahrungshintergrund mit markanten Ambivalenzen verwoben. So geht das westliche Modernisierungsmodell im Kontext intensivierter Globalisierungsprozesse einher mit verstärkten Machteinflüssen von außen, mit sich vertiefenden globalen Ungleichheiten, mit der Schwächung staatlicher Souveränität sowie einem Leitmodell der säkularen Konkurrenzdemokratie, das häufig manipulativ eingesetzt wird und im Kontext ethnischreligiöser Konfliktlagen eher die dunklen Seiten der Demokratie (in den Worten Michael Manns 2004) bestärkt. Dazukommen auch die ethnischreligiösen Diskriminierungserfahrungen der transnationalen Migranten aus den postkolonialen Gesellschaften in den demokratisch-kapitalistischen Zentren (u.a. Al-Azmeh/Fokas 2007, Roy 2006).

Es sind diese kulturellen Ambivalenzen gegenüber dem westlich-säkularen Modernisierungsmodell, die sich mit der Mobilisierung religiös-fundamentalistischer Strömungen in den postkolonialen Gesellschaften verbinden. Diese fundamentalistische Mobilisierungstendenz ist um so stärker je mehr wie in der Gegenwart der Westen unter der Hegemonie der USA seinerseits durch eine geostrategisch interessengeleitete und fundamentalistisch gesteuerte Weltpolitik im Namen der Demokratisierung von außen militärisch und politisch interveniert. Und sie bricht sich Bahn insbesondere dann, wenn es sich dabei um Länder in der islamischen Zivilisation handelt, die für ungefähr 1000 Jahre der christlicheuropäischen Zivilisation überlegen war, deren Religion sich als universal-höhere Synthese von Judentum wie Christentum versteht und für die eine sich verstärkende westlich-säkulare Übermacht vor dem Hintergrund der eigenen krisenhaften Modernisierungsprozesse in besonderen Maße als illegitim erscheint.

Fazit

Ich möchte noch einmal meine mehrstufige Kernthese zusammenfassen: Religiöser und säkularer Fundamentalismus ist in unterschiedlichen Formen in jeder axialen Religion und Weltanschauung angelegt und als solcher ein integraler Teil von Modernitätsprogrammen und Modernisierungsprozessen. Fundamentalismus wird vor allem im Verbund mit nationalen und ethnischen Bewegungen sozial und politisch virulent, und dies ist gegenwärtig in vielen postkolonialen Gesellschaften der Fall. Dazu kommen einmal die dort weit verbreiteten säkular-autoritären Regimes, die zu fundamentalistisch-organischen Gegenbewegungen anreizen und zum andern die aus kolonialen Erfahrungen gespeiste kulturelle Ambivalenz peripherer Gesellschaften gegenüber den vom hegemonialen Westen dominierten globalen Strukturen und Globalisierungsprozessen. Diese kulturelle Ambivalenz wird schließlich entschieden verstärkt, wenn der Westen wie gegenwärtig unter der Ägide der USA seinerseits auf der Grundlage fundamentalistischer westlicher Werte militärisch und politisch interveniert.

Um dieser komplexen Ursachenkombination entgegenzuwirken, kann es keine einfachen Policy-Rezepturen geben. Doch halte ich alle Schritte für zentral, die der skizzierten Radikalisierungsdynamik sozialer und politischer Prozesse entgegenwirken. Dazu zähle ich: die Revision des westlichen Leitbilds der säkularen zugunsten einer religiös und säkular pluralen Demokratie; den ökumenischen Dialog nicht nur auf der theologisch-philosophischen Elitenebene, sondern auch auf der glokalen Alltagsebene; die Wahrung und Beförderung religiöser und kultureller Minderheitenrechte in nationalen Mehrheitsgesellschaften; und zwar im Blick auf die transnationale Struktur von Migrationsprozessen sowohl in den postkolonialen als auch den westlich-demokratischen Gesellschaften; sowie die grundsätzliche Einsicht, dass Demokratisierung nicht als Konkurrenzdemokratie von außen oktroyiert, sondern nur unter stabilen

Staats- und Rechtsstrukturen autonom-zivilgesellschaftlich wachsen kann[12].

Es bleibt zu hoffen, dass die jetzige Katastrophe im Irak – ich nenne nur: von etwa 25 Mio. Einwohnern sind derzeit 1.5Mio. Emigrationsflüchtlinge und noch einmal 1.5 Mio. Flüchtlinge im eigenen Land – dass die Katastrophe im Irak auch eine kathartische Wirkung für eine gründlich revidierte westliche, amerikanische wie europäische, Weltpolitik hat.

---

12 Vgl. die Vorschläge zu einem interkulturellen Dialog bei Müller (1998) und Senghaas (2004); unter Berücksichtigung namentlich der religiösen Dimension: Timmermann/Segaert (2005).

II. Nationalismus, Religion und Fundamentalismus in einer sich globalisierenden Welt – Ein multipler Modernitätsansatz

Einleitung

Glaubensmotivierter Radikalismus ist keineswegs ein neues Phänomen in der Weltgeschichte und zumal nicht in der Epoche der Moderne, doch hat er sich in der gegenwärtigen Welt global verbreitet und intensiviert. Wie ich hier argumentiere, ist glaubensmotivierter Radikalismus vor allem mit zwei spezifischen sozio-kulturellen Mächten verwoben: Religion und Nationalismus (Spohn 2003a, b). Sowohl Religion als auch Nationalismus können als sakral-glaubensorientierte Formen von Gemeinschaft und Identität interpretiert werden, und beide können sich auf der Grundlage dieses Glaubens in der Form eines religiösen Fundamentalismus, eines nationalistischen Extremismus oder einer Kombination beider als radikaler religiöser oder radikaler säkular-religiöser Nationalismus dynamisieren (Marty/Appleby 1991-1995, Bielefeld/Heitmeyer 1998, Juergensmeyer 1993, Riesebrodt 1995). Zugleich stellt die Radikalisierung eines solchen religiösen oder nationalen Glaubens lediglich ein Potential dar und keineswegs eine evolutionäre Notwendigkeit, und die Aktualisierung dieses Potentials hängt ab nicht nur von den Formen der Religion wie des Nationalismus, sondern auch von den gesellschaftsgeschichtlichen Kontexten, in denen sie verankert sind und mobilisiert werden.

In der gegenwärtigen Periode ist die weltweite Aktivierung und Revitalisierung von Nationalismus und Religion häufig verwoben mit radikalisierten Formen von Gewalt, Konflikt und Krieg. Der Umbruch für diese tragische politisch-religiöse Dynamik stellt der Zusammenbruch kommunistischer Regime nicht nur in der Sowjetunion sondern in vielen anderen Weltregionen, in denen der säkularisierte Sozialismus wie zuvor der säkulare Liberalismus an Anziehungskraft verloren haben. Die

Tendenzen dieser politisch-religiösen Dynamik konnten schon früher beobachtet werden – etwa in der Islamischen Revolution im Iran oder in der sozialkatholischen Solidarnosc Bewegung in Polen. Doch erst mit dem Zusammenbruch des Kommunismus in der Zweiten und Dritten Welt begann sich die parallele Entwicklung von Nationalismus und Religion weltweit zu zeigen. Diese Entwicklung manifestierte sich in Phänomenen wie dem Wachstum des ethnischen Nationalismus, der Revitalisierung von Religion, der Stärkung des religiösen Fundamentalismus und dem nationalistischen Extremismus sowie in der Verbindung von Religion und Nationalismus in unterschiedlichen Formen des religiösen Nationalismus. Dies ist auch der politische und kulturelle Kontext für die Intensivierung des glaubensmotiviertem Radikalismus.

Für die dominanten Strömungen in den Sozial-, Politik- und Kulturwissenschaften kam diese parallele Entwicklung von Nationalismus und Religion äußerst unerwartet und forderte die überkommenen theoretischen Ansätze und empirisch-analytischen Orientierungen grundsätzlich heraus. Ihre gemeinsame theoretische Grundlage war entweder explizit oder implizit das Modernisierungsparadigma, das mit der Modernisierung von nationalstaatlichen Gesellschaften zugleich parallele Prozesse der politischen Demokratisierung und Säkularisierung und die Formierung säkularer nationaler Identitäten annahm. Auch wenn die Modernisierungstheorie durch neo-marxistische und postmodernistische Ansätze in vielem scharf kritisiert wurde, so teilten diese doch die Annahme der evolutionären Herausbildung säkularer Nationalismen oder säkularer nationaler Identitäten. Auf solchen theoretischen Grundlagen kann die gegenwärtige religiös-politische Dynamik allerdings schwerlich verstanden werden. An ihre Stelle treten nun Globalisierungstheorien, die den methodologischen Nationalismus der Modernisierungstheorien als Hauptgrund für ihre Unfähigkeit sehen, die gegenwärtigen religiös-politischen Dynamiken zu erklären und stattdessen die globale Aktivierung und Politisierung von Religion als Reaktion auf die sich gegenwärtig intensivierenden Prozesse der Globalisierung interpretieren. Aus der Perspektive meines eigenen multiplen Modernitätsansatzes sind freilich beide theoretischen Erklärungsansätze begrenzt, da sie die komplexe und variierende Dynamik der säkularen und religiösen Komponenten in der Formierung von Nationalismus und nationaler Identität als Grundlage glaubensmotivierter Formen des Radikalismus einseitig entweder auf nationalstaatliche oder auf globale Ursachenbündel zurückführen statt vielmehr deren national/transnationales Zusammenspiel in der gegenwärtigen Periode in den Blick zu nehmen.

Im folgenden will ich zunächst 1. meinen eigenen multiplen Modernitätsansatz zu Nationalismus, Religion und Säkularismus kurz erläutern, dann 2. auf die Variationen ihrer Beziehungskonfigurationen im Vergleich west- und osteuropäischer, nord- und südamerikanischer sowie unterschiedlicher islamischer Fälle eingehen, und schließlich 3. meinen eigenen Erklärungsansatz im Blick auf die spezifischen Bedingungen für den Aufstieg und die fundamentalistische Radikalisierung des religiösen Nationalismus in der gegenwärtig sich globalisierenden Welt vorstellen (3.).

1. Nationalismus, Religion and Säkularismus: Ein multipler Modernitätsansatz

Zunächst einmal will ich erläutern, warum der weltweite Aktivierung, Mobilisierung und Radikalisierung von religiösem Nationalismus für die Hauptansätze in den Sozial- und Kulturwissenschaften als Überraschung kam; wie die neuen Globalisierungsansätze die Erklärungsperspektive verändert haben; und in welchem Sinne ich einen multiplen Modernitätsansatz zur Erklärung dieser Phänomene verfolge.

Im Blick auf die weltweite Revitalisierung, Verbreitung und Radikalisierung des ethnischen und religiösen Nationalismus ist vor allem eine der zentralen Prämissen der in den Sozial- und Politikwissenschaften einflussreichen Modernisierungstheorie fragwürdig geworden: die Säkularisierungsthese. Sie ist sowohl für die Religionssoziologie als auch für die vergleichende Nationalismusforschung in der Annahme der evolutionären Entwicklung von säkularen Formen der nationalen Identität und des Nationalismus grundlegend gewesen und ist entweder explizit oder implizit auch von der neomarxistischen und postmodernistischen

Kritik der Modernisierungstheorie geteilt worden. Im Kern setzt die Modernisierungstheorie ein Bündel evolutionär und funktional aufeinander bezogener langfristiger Prozesse sozialen und kulturellen Wandels voraus, so vor allem: soziale und funktionale Differenzierung, Individualisierung, kapitalistische Entwicklung, Industrialisierung, Staats- und Nationsformierung, Demokratisierung und nicht zuletzt Säkularisierung (etwa Berger 1996, 2006, Müller/Schmid 1995, Sztompka 1994, Zapf 1971). Diese modernisierungstheoretische Säkularisierungsthese verbindet sich auch mit der Prämisse, dass moderne Gesellschaften nationale Integration, Nationalismus und nationale Identität nicht nur in demokratischen, pluralen und zivilen, sondern auch in säkular-zivilreligiöser Form entwickeln (Smith 1998). Aus dieser modernistischen Perspektive sollte auch die rasante Verbreitung von Modernisierungsprozessen in der gegenwärtigen Globalisierungsphase durch eine parallele Entwicklung von zivilen und säkularen Formen von Nationalismus und nationaler Identität in nicht-westlichen oder nicht-europäischen Gesellschaften begleitet sein. Diese theoretischen Annahmen schienen auch für westliche Gesellschaften selbst und die Verbreitung westlich orientierter säkularer Regimes in postkolonialen Gesellschaften in der Dekolonisierungsphase nach dem 2. Weltkrieg zuzutreffen[13]. Doch in der gegenwärtigen Periode einer Intensivierung des ethnischen und religiösen Nationalismus ist sie so für die außereuropäischen Gesellschaften nicht länger haltbar.

Eine Lösung für dieses theoretische Dilemma wird in der gegenwärtig sich entwickelnden Globalisierungsdebatte angeboten. Im Kern werden die Prozesse der Globalisierung in drei Hauptversionen diskutiert: 1. der globalen, wenn auch ungleichen Verbreitung moderner Gesellschaften; 2. des wachsenden Gewichts transnationaler Kräfte zwischen und jenseits des Nationalstaats; und 3. die wachsende Relevanz und Wahrnehmung der global interdependenten Welt oder Globalität (Held/McGrew 2000; Boli/Lechner 2002, Martinelli 2005, Robertson 1992, 2003, 2006). Diese Hauptversionen enthalten zugleich unter-

---

13 Ein permanenter Problemfall stellte in der Religionssoziologie freilich die Vereinigten Staaten dar, die seit der rasanten Entwicklung des industriellen Kapitalismus und der Immigration in der zweiten Hälfte des 19. Jahrhunderts zugleich ein Wachstum der Religiosität verzeichnete, vgl. Bruce 1991 oder Martin 1996. Für die Anwendung der Säkularisierungsthese auf außereuropäische Gesellschaften siehe Smith 1975.

schiedliche Erklärungsvarianten für die gegenwärtige Aktivierung und Politisierung von Religion. Während die erste Version der Globalisierung als Konsequenz und Verallgemeinerung der Modernisierung ähnliche grundsätzliche Probleme wie die Modernisierungstheorie samt Säkularisierungsthese hat, scheinen die zweite und dritte Versionen neue Lösungen für das Wachstum des ethnischen und religiösen Nationalismus anzubieten. So werden sie im Kern als defensiv-konservative Reaktion ethnisch-nationaler und religiöser Gruppen und Gemeinschaften auf die durch westlich dominierten Prozesse der Globalisierung und der Strukturen der Globalität gesehen. (Beyer 1992, 2003; Haynes 1998). Die zentrale Argumentationskette lautet, dass Prozesse der ökonomischen Globalisierung die weltweiten Relationen zwischen Zentren und Peripherien in Form von Machthierarchien und sozialen Ungleichheiten verschärfen; politische Prozesse der Globalisierung die westliche politische Hegemonie verstärken; und kulturelle Prozesse der Globalisierung die westlich dominierten Formen der Massenkultur verbreiten. Alle diese mannigfachen Prozesse der Globalisierung, so die Schlussfolgerung, bedrohen nationale, ethnische und religiöse Identitäten und tragen so zu deren defensiven Reaktion in den Formen des ethnischen Nationalismus, des religiösen Fundamentalismus und des religiösen Nationalismus bei. Trotz der Verdienste dieser Globalisierungstheorien, besteht doch zugleich die Gefahr des Globalismus, d.h. die Tendenz, die religiös-politischen Formen allein aus den transnationalen Interaktionen und globalen Strukturen heraus zu interpretieren und zugleich umgekehrt mit der Schwierigkeit konfrontiert zu sein, die ebenso existenten Formen des säkularen Nationalismus oder säkularer kollektiver Identitäten in westlichen wie nicht-westlichen Gesellschaften zu erklären.

Einen dritten Weg, den ich meinen eigenen Arbeiten folge, um die theoretischen Schwierigkeiten hinsichtlich der Erklärung den gegenwärtigen weltweiten Aufstieg des ethnischen und religiösen Nationalismus zu lösen, stellt der multiple Modernitätsansatz von Shmuel Eisenstadt dar (als Überblick s. Knöbl 2001, Koenig 2005, Spohn 2001). Auf der Grundlage einer spezifischen Interpretation von Max Webers vergleichender Religionssoziologie stellt er die Annahme einer konvergierenden Verwestlichung der Welt durch Modernisierung und Globalisierung in Frage und nimmt stattdessen auf Grundlage der verschiedenen Weltreligionen und Zivilisationen eine divergierende Vielfalt von Modernen an (Eisenstadt 1999, 2000, 2002, 2006). Die westliche Moderne stellt so im Vergleich zu anderen Zivilisationen und Weltregionen nur eine Form der Moderne dar. Im Zentrum dieses Konzepts der multiplen Modernitäten steht die Prämisse, dass religiöse Traditionen nicht einfach durch Modernisierung und Globalisierung aufgelöst werden, sondern wie auch immer transformiert konstitutive Dimensionen der Moderne entweder innerhalb nationalstaatlicher Gesellschaftlichen oder jenseits von ihnen in transnationalen, interzivilisatorischen und globalen Sphären bleiben. Von besonderer Bedeutung ist hier die Rolle der Achsenzeitzivilisationen (ein von Karl Jaspers übernommener Begriff) und entsprechende Weltreligionen, die die unterschiedlichen Formen von Modernisierungspfaden, kollektiven Identitätsformationen und inter-zivilisatorischen Interaktionen im Rahmen von Globalisierungsprozessen geprägt haben und noch prägen. Auf unterschiedliche Weise sind Achsenzeitzivilisationen durch einen grundsätzlichen Gegensatz zwischen der transzendentalen und immanenten Welt gekennzeichnet, der die Grundlage für orthodoxe und heterodoxe Strömungen und für die Entwicklung pragmatischer oder totalistischer Tendenzen im Kontext von Modernisierungsprozessen als Antinomien der Moderne (Eisenstadt 1996a, 1999a) hervorbringen.

Im Hinblick auf den gegenwärtigen Aufschwung des ethnischen und religiösen Nationalismus hat das Konzept der multiplen Modernitäten drei zentrale Implikationen. Erstens, in einer Parallele zu den jüngeren Revisionen in der Religionssoziologie kritisiert es die modernisierungstheoretische Säkularisierungsthese im Sinne eines evolutionären Bedeutungsverlusts und einer progressiven Auflösung der Religion. Selbstverständlich werden dabei die unterschiedlichen Prozesse der Säkularisierung in Form der institutionellen Differenzierung zwischen Politik und Religion, des sozialen und kulturellen Bedeutungsverlusts von Religion sowie der Privatisierung von Religion gesehen. Aber es wird dabei zugleich vorausgesetzt, dass diese Säkularisierungsprozesse Religion nicht einfach auflösen, sondern diese transformieren, in unterschiedlicher Form mit säkularen Komponenten kombinieren und sich in oszillierenden Bewegungen von Säkularisierung und Desäkularisierung entwickeln (so etwa auch Lehmann 1997). Entsprechend kombinieren sich die Prozesse der religiösen Entwicklung mit denen der Säkularisierung und manifestieren sich im Kontext unterschiedlicher Modernisierungsprozesse und Modernitätsprogramme sowie in Abhängigkeit von unterschiedlichen Religions- und Säkularitätstypen im Rahmen unterschiedlicher Säkularisierungsmuster und mit unterschiedlichen Wirkungen auf sozio-ökonomische, rechtliche und politische Entwicklungsprozesse. Wie namentlich David Martin (1978, 2005) und José Casanova (1994) gezeigt haben, gibt es wesentliche Differenzen zwischen den Säkularisierungsmustern im Protestantismus und hier wiederum zwischen Kalvinismus und Luthertum; Katholizismus und christlicher Orthodoxie; und ebenso in den Religion des Islam, des Hinduismus, Buddhismus und Konfuzianismus.

Zweitens, in einer Parallele zu den jüngsten Debatten in der vergleichenden Nationalismusforschung, geht der Ansatz der multiplen Modernitäten davon aus, dass die Formen des modernen Nationalismus nicht einfach als eine säkulare Form nationaler Identitäten oder politischer Bewegungen angesehen werden sollten, sondern als eng verbunden mit religiösen Dimensionen und Komponenten. Wie Shmuel Eisenstadt vorschlägt, gibt es drei konstitutive Dimensionen kollektiver Identitäten: die primordial-ethnischen, die politisch-zivilen und die kulturell-religiösen Codes (Eisenstadt/Giesen 1995). Dieser Vorschlag findet seine Entsprechung in der Betonung von Religion in der Nationalismusforschung, so etwa durch Anthony Smith (2001, 2003, 2005), John Hutchinson (1996) oder Adrian Hastings (1997), die allesamt gegen die Konzeption eines modernen säkularen Nationalismus die ebenfalls gegebenen ethnischen und religiösen Grundlagen und Dimensionen herausarbeiten. Zugleich hängt die Art und Weise, in denen die religiösen und säkularen Komponenten in nationalen Identitätsformationen sich kombinieren, wiederum von anderen Faktoren wie Staatsformierung, Nationsbildung, Demokratisierung, kulturelle und religiöse Entwicklung sowie Säkularisierung ab. Aber der entscheidende Punkt ist hier, dass keine evolutionistische Annahmen über den Ersatz oder die Auflösung von

Religion durch Prozesse der Modernisierung oder Globalisierung gemacht, sondern stattdessen historisch sich wandelnde Konstellationen von religiösen und säkularen Komponenten und Dimensionen vorausgesetzt werden. Aber im Unterschied zur Nationalismusforschung sieht Eisenstadt auf der Grundlage der grundlegenden Spannungen und Gegensätze innerhalb der Moderne die Möglichkeit, dass Nationalismus sich vor allem auch entweder in einer jakobinistisch-säkularistischen oder einer religiös-fundamentalistischen Richtung radikalisieren kann und radikalisiert (Eisenstadt 1999a).

Drittens nimmt das Konzept der multiplen Modernitäten an, dass in der gegenwärtigen Globalisierungsphase die Austausch- und Interaktionsformen zwischen den verschiedenen sich modernisierenden Zivilisationen mit unterschiedlichen Variationen von ethnisch-primordialen, kulturell-religiösen und politisch-zivilen Komponenten sich intensivieren und diese transnationalen und transzivilisatorischen Austausch- und Interaktionsformen zugleich in variierenden kompetitiven, kooperativen oder konfliktiven Formen stattfinden (Eisenstadt 2002). Eine solche Perspektive multipler Modernitäten kontrastiert mit modernistischen oder globalistischen Annahmen einer wachsenden Verbreitung des westlichen Modells des säkularen Nationalstaats und des säkularen Nationalismus (Fukuyama 1992) oder der parallelen, wenn auch umgekehrten Vorstellung einer defensiven Reaktion von ethnischer und religiöser Identitäten auf ihre Bedrohung durch die Verwestlichung der Welt. Die Perspektive multipler Modernität kontrastiert aber auch mit der These des Zusammenpralls unterschiedlicher Zivilisationen an ihren Bruchlinien durch Samuel Huntington (Huntington 1993, 1996), indem sie sowohl die religiösen und säkularen Gegensätze und Konflikte innerhalb von Zivilisationskomplexen als auch die religiös-ökumenischen und säkularkosmopolitischen Formen der Kooperation und Verständigung zwischen Zivilisationskomplexen berücksichtigt. Im Unterschied zu reifizierenden Globalisierungstheorien und Zivilisationsanalysen betont der Ansatz multipler Modernitäten die internen Dynamiken und Konfliktformen innerhalb unterschiedlicher Zivilisationen ebenso wie die multiplen, kooperativen wie konfliktiven Interaktionsmuster zwischen Zivilisationen und Weltreligionen in den verschiedenen Weltregionen. In einer solchen Sichtweise setzt eine Erklärung des gegenwärtigen Aufstiegs des ethnischen und religiösen Nationalismus und dessen fundamentalistische Radikalisierung die weltweit vergleichende Betrachtung und Analyse sowohl der internen Dynamiken als auch der externen Beziehungs- und Interaktionsformen von kollektiven Identitäten zwischen den mannigfaltigen Nationalstaaten, Ethnien, Religionen und Zivilisationen voraus.

2. Nationalismus, Religion und Säkularismus in einer zivilisationsvergleichenden Perspektive

In diesem zweiten Teil will ich zunächst die Richtungen benennen, in denen das klassische Modell des europäischen säkularen Nationalismus innerhalb der vergleichenden Nationalismusforschung kritisch revidiert wird; dann das europäische Modell mit den daraus abgeleiteten nord- und südamerikanischen Varianten des Nationalismus vergleichen; und schließlich diese vielfältigen westlichen Nationalismustypen mit einigen Fällen in nicht-westlichen Zivilisationen, insbesondere der islamischen Zivilisation, kontrastieren.

In einem gewissen Sinne spiegelt das Modell des säkularen Nationalismus wie es in der klassischen Soziologie und der Modernisierungstheorie allgemein formuliert wurde, die europäische Erfahrung der Nationsbildung und der Nationalismusformierung und spezifischer vor allem die revolutionäre Gründung des säkularen Nationalstaats und des aufgeklärt-laizistischen Nationalismus wider (Spohn 2003b). Es diente zugleich als ein Leitmodell für die meisten sich modernisierenden europäischen sowie auch nicht-europäischen Nationalstaaten. Das französische Modell institutionalisierte die Trennung zwischen Staat und Kirche, die Entwicklung einer säkularen Nationalkultur sowie die Privatisierung der Religion, und auf diesen Grundlagen verband sich die Formierung des französischen Nationalstaats mit einem säkularen Nationalismus oder einer laizistischen nationalen Identität. Die klassische Soziologie erkannte die strukturelle Affinität zwischen Religion und dem säkularen Nationalismus in ihrer affektuellen, symbolischen und normativen Bindekraft und interpretierte den Nationalismus entweder als Säkularreligion (Durkheim), Ersatzreligion (Weber, Sombart) oder als Ideologie (Marx, Mannheim). Die klassische europäische Soziologie synthetisierend sah dann die Modernisierungstheorie den modernen Nationalismus im Rahmen sich demokratisierender Nationalstaaten als eine Form einer nationalen Identität, die allerdings in Form einer Zivilreligion nach wie vor durch einige quasi-religiöse Merkmale charakterisiert ist[14]. Im Kern wurde dieses evolutionäre Modell schließlich auch auf die sich dekolonialisierenden und entwickelnden nicht-europäischen Gesellschaften projiziert und dient als solches insbesondere der amerikanischen Außenpolitik bis heute als Leitmodell.

Es gibt keinen Zweifel, dass dieses Modell des säkularen Nationalismus oder der säkularen nationalen Identität verschiedene strukturelle Entwicklungen und Charakteristika der europäischen Modernität erfasst. Dazu gehören die institutionelle Trennung von Kirche und Staat, die Entwicklung einer säkularen Nationalkultur sowie die quasi-religiöse Identifikation mit Staat und Nation. Allerdings vernachlässigt oder unterschätzt dieses säkulare Modell zugleich die anhaltende Bedeutung der religiösen Grundlagen und Komponenten des modernen Nationalismus und der modernen nationalen Identität schon in Europa. In allen europäischen Fällen gründen Nationsbildung und nationale Identitätsformation in einer biblischen, jüdisch-christlichen Vorstellung des erwählten Volkes (Smith 2005) und erlangen mit der Übersetzung der Bibel in die verschiedenen Umgangssprachen eine nationale Relevanz (Hastings 1997). Auf diesen Grundlagen blieben die Kirchen, trotz Modernisierung und Säkularisierung – und dies auch im klassischen französischen Fall – wichtige Institutionen und Akteure in nationalen Gesellschaften; übten religiöse Kulturen und Wertorientierungen einen kontinuierlichen Einfluss auf nationale Kulturen aus; erhielten sich in nationalen Symbolen religiöse Elemente; und bewahrten sich in nationalen Identitäten nicht nur säkulare und säkular-religiöse, sondern auch religiöse Formen der Identifikation. Dieser Sachverhalt wird offenkundig in der Präambel des

---

14 Robert Bellah (Bellah 1975, Bellah /Hammond1981), der den Begriff der Zivilreligion in die Soziologie einführte, analysierte freilich die zivilen wie puritanischen Elemente in der amerikanischen Zivilreligion, und in diesem Sinne war sie für ihn keineswegs eine Quasi-Religion.

vorgeschlagenen, wenn auch noch nicht ratifizierten europäischen Verfassungsvertrags vorausgesetzt, selbst wenn sie angesichts der verschiedenen religiösen und säkularen Traditionen in Europa nicht in der Lage war, an ein gemeinsames sakrales Dach zu appellieren.

In anderen Worten, das Modell des säkularen Nationalismus vernachlässigt auch in dem vielfältigen europäischen Fall die religiösen Grundlagen und Komponenten und damit auch die beträchtlich variierenden Kombinationen von religiösen und säkularen Elemente in den nationalen Identitäten Europas (Davie/Hervieu-Léger 1996, Davie 2000). Diese Variationen sind hauptsächlich von dem dominierenden Typus des Christentums und den entsprechenden Säkularisierungsmustern abhängig (zu der folgenden Typologie Spohn 2003b). Der französische Fall verknüpft säkularistisch-laizistische mit katholischen Elementen und hat strukturelle Ähnlichkeiten mit Spanien, Portugal, Italien, Österreich oder Belgien, auch wenn das Gewicht und die Form der säklaren Komponenten in diesen Fällen verschieden sind. Im Unterschied weist die kulturelle Konstruktion der nationalen Identität im protestantisch dominierten Großbritannien in dessen religiös wie säkular pluralistischer Form einige Ähnlichkeiten mit anderen protestantischen Fällen in Skandinavien auf, auch wenn sie sich in den kalvinistisch-puritanischen und den lutherisch-pietistischen Grundformen des Protestantismus unterscheiden. Ebenso ähneln sich die konfessionell gemischten Fälle wie Deutschland, die Niederlande und die Schweiz hinsichtlich ihrer korporativen Integration der protestantischen, katholischen und säkularen Säulen. Gegenüber diesen westeuropäischen Ländern waren die meisten ostmittel- und südosteuropäischen Fälle in ihrer vorkommunistischen Periode aufgrund ihres peripheren Status durch ein enges Beziehungsverhältnis zwischen Nationalismus und Religion gekennzeichnet, das sich in der kommunistischen Phase noch deutlich verstärkte und sich nun erst in der gegenwärtigen postkommunistischen Phase wieder lockert (Spohn 1998). Ein interessanter Fall ist hier Russland mit seinem Entwicklungspfad von der caesaro-papistischen Osmose von zaristischer Autokratie und orthodox-christlicher Kirche über den sowjetischen Totalitarismus mit seiner konstitutiven atheistischen Ideokratie zu dem auffälligen Aufstieg eines religiösen Nationalismus in der gegenwärtigen postsowjetischen Russischen Föderation (Spohn 2002).

Im Rückgriff auf das europäische Modell des säkularen Nationalismus haben die dominierenden Modernisierungsansätze in den Sozial- und Politikwissenschaften versucht, auch die Formen nationaler Identität in Nord- und Südamerika zu verstehen und zu erklären. Dabei wurden die Besonderheiten der Vereinigten Staaten im europäischen Vergleich in dem Begriff des amerikanischen Exzeptionalismus (Lipset 1996)[15] und diejenigen Lateinamerikas im Vergleich zu den USA in dem Konzept einer kontinuierlichen distinkten Tradition herausgestellt (Wiarda/Mott 2003). Aus einer Perspektive multipler Modernitäten dagegen stellen Nord- und Südamerika zwei spezifische Zivilisationskomplexe dar, die aus den destruktiven wie konstruktiven Interaktionen zwischen den Siedlergesellschaften aus verschiedenen Regionen Europas, den alten Zivilisationen der indigenen Bevölkerungen, dem Import und der allmählichen Integration afrikanischer Sklavenbevölkerungen sowie der Einwanderung von Immigranten zunächst aus Europa und später aus nicht-europäischen Weltregionen entstanden sind (Roniger/Waisman 2002). In Nordamerika entwickelten sich die Vereinigten Staaten auf der Grundlage des britischen Modells einer protestantischen konstitutionellen Demokratie – allerdings vor allem beeinflusst durch britische Sekten und Dissentertum, die Trennung zwischen Staat und Kirchen sowie die kontinuierliche Einwanderung und Inkorporation von Immigrationsethnien und -religionen. Infolgedessen war die institutionelle Differenzierung zwischen Staat und Religion sehr hoch, doch zugleich die kulturelle Säkularisierung sehr schwach ausgeprägt (Martin 1996). Auf diesen Grundlagen entwickelte sich der US-amerikanische Nationalismus in einer engen Verbindung zwischen zivil-verfassungspatriotischen und puritanisch-zivilreligiösen Elementen und zudem mit deutlich evangelistisch-missionarischen Färbungen (Bellah 1975). In Lateinamerika fand dagegen die Kolonisierung durch die katholisch-imperialen Staaten Spaniens und Portugals im Verbund mit Einwanderungen primär von der

---

15 Vgl. die wegweisende historisch-soziologische Kritik an überhistorischen Fassungen des US-amerikanischen Modernisierungswegs – sei es in der modernisierungstheoretischen Tradition von Lipset oder auch ihrer zivilisationsvergleichenden Übernahme bei Eisenstadt - durch W. Knöbl 2006.

iberischen Halbinsel statt und bildete die Grundlage für die autoritären Regime in enger Verbindung, aber dann auch nach der Unabhängigkeit im scharfem Konflikt mit der monopolistischen katholischen Kirche. Im Rahmen des katholischen Säkularisierungsmusters war die institutionelle Differenzierung zwischen Staat und Kirche stark (wenn auch häufig nur formell) ausgeprägt, während die kulturelle Säkularisierung mit der Verstärkung der religiösen Pluralisierung in multi-ethnischen Gesellschaften schwach blieb (Martin 1991, 2005). Auf diesen Grundlagen war der Nationalismus in Lateinamerika im Rahmen der autoritär-populistischen Demokratisierungspfade durch eine variierende Kombination von organisch-katholischen und säkularistischen Komponenten und zunehmend multi-religiösen Komponenten geprägt (Dominguez 2005, Lomnitz 2003)[16].

Auch in der islamischen Welt spielte das europäische Modell des säkularen Nationalismus historisch eine entscheidende Rolle und so haben die dominierenden Modernisierungsansätze die Formierung des Nationalismus in den islamischen Ländern mithilfe dieses Modells zu fassen und zu analysieren versucht (Bazdogan/Kasaba 1997, Kaya 2004). Doch die kontinuierlichen autokratisch oder autoritären Regimeformen ebenso wie die verschiedenen Formen eines islamischen Nationalismus in der Gegenwart haben zu einer wachsenden Kritik an modernisierungstheoretischen Ansätzen geführt, die den Nationalismus in islamischen Gesellschaften im Rahmen der überkommenen Säkularisierungsthese und nicht in der ihn eigenen zivilisatorischen Dynamiken zu verstehen versuchen[17]. Aus einer solchen multiplen Modernitätsperspektive sind

---

16 Zur vergleichenden Analyse der Staatsformierung, Nationsbildung und Demokratisierungspfade in Lateinamerika vor allem Linz et al. (2004); zur Problematisierung und Kritik der Anwendung von soziologischen Theorien, die aus der westeuropäischen und US-amerikanischen Erfahrung stammen, der wegweisenden Band von Centeno/Alves-Lopez (2003); zur Entwicklung eines multiplen Modernitätsansatzes namentlich Whitehead (2005) und die Diskussion in Costa, et al. (2006), darin auch mein Beitrag zu einem Zivilisationsvergleich zwischen West- und Osteuropa sowie Nord- und Lateinamerika (Spohn 2006b).
17 Eine solche multiple Modernitätsperspektive verfolgen namentlich Nilüfer Göle (1995, 2002) und Ibrahim Kaya (2004). Sie legen den Akzent freilich auf die Analyse von Modernitätsdiskursen – in einer Parallele etwa zu Wagner (2000) oder Wittrock

deshalb zunächst die charakteristischen Strukturmerkmale der vormodernen und vorkolonialen muslimischen Gesellschaften mit ihrer integralen Verbindung von islamischer Religion und Gesetz, die autokratische oder sultanistische Formen politischer Herrschaft begünstigte und sie mit einer universalistischen Herrschaftslegitimation im Kontext ethnisch und religiös segmentierter Gesellschaften ausstattete (Arjomand 2003, Gellner 1981, Stauth 1998). Unter dem Einfluss des europäischen Imperialismus und Kolonialismus setzten mit der Dekolonialisierung nach dem 1. und 2. Weltkrieg autoritäre Modernisierungsprozesse von oben ein, zunächst orientiert am westlichen liberalen Säkularismus und dann am östlichen säkularistischen Sozialismus. Das allgemeine Resultat war ein autoritärer Staats- und Elitensäkularismus auf der Grundlage gering kulturell säkularisierter Gesellschaften, gegen den im Zuge der zunehmenden Demokratisierung eine wachsende politische Mobilisierung der nicht-säkularisierten Schichten der muslimischen Gesellschaften stattfand. Das breite Spektrum dieser konfliktiven Entwicklung reicht von der modernen demokratischen Türkei einerseits und dem theokratisch-republikanischen Iran[18] andererseits, und in der Mitte dieses Spektrums befinden sich mehr oder weniger autoritäre Regime, die aber alle neben säkularen Komponenten auch durch islamische Elemente charakterisiert sind. In diesem Rahmen kann seit mehreren Jahrzehnten eine wachsende Islamisierung von politischen Strömungen und nationalen Identitäten beobachtet werden – allerdings mit starken Spannungen zwischen unterschiedlichen islamischen Strömungen, verschiedenen Segmenten ethnisch-religiöser Minderheiten und säkular-laizistischen Kulturen sowie deren soziale Trägergruppen (Esposito 1999, Esposito/Burgat 2003).

Ich habe hier nicht den Raum, diesen Überblick über die unterschiedlichen Konfigurationen von Nationalismus, Religion und Säkularismus in anderen Zivilisationen wie dem Judentum, dem Buddhismus, Hinduismus oder Konfuzianismus und ihren Einfluss auf die Gesellschaften in den verschiedenen Weltregionen fortzusetzen (vgl. dazu

---

(2002) und nicht so sehr wie Eisenstadt auf die Einbettung von Modernitätsdiskursen und institutionell und sozio-politisch variierende Modernisierungspfaden in unterschiedlichen Zivilisationen wie bei Eisenstadt.

18 Einen interessanten historisch-soziologischen Vergleich zwischen Russland und Iran im Blick auf den Zusammenhang von Autokratie, kapitalistischer Modernisierung und Revolution hat Timothy McDaniel (1992) vorgelegt.

Spohn 2003c). Stattdessen will ich mich mit einer Zusammenfassung der Hauptbefunde eines solchen Zivilisationsvergleichs hinsichtlich der Beziehungskonstellationen von Nationalismus, Religion und Säkularismus begnügen. Erstens, in allen sich entwickelnden nationalstaatlichen Gesellschaften innerhalb der verschiedenen Zivilisationskomplexe enthält die Formierung von Nationalismus und nationalen Identitäten säkulare wie religiöse Komponenten, wobei ihr Gewicht und ihre Form von dem jeweiligen Modernisierungsweg sowie dem dominanten Religionstypus abhängig sind. Zweitens, das originäre Modell europäischer Modernität entwickelte sich unter den spezifischen Umständen europäischer Welthegemonie, starken Staaten, eines sich differenzierenden Christentums, Formen religiösen Pluralismus und institutioneller wie kultureller Säkularisierung. Das Ergebnis waren unterschiedliche hohe Grade an Säkularität in Verbindung mit verschiedenen Formen des Christentums, aber dieses Ergebnis stellt in zivilisationsvergleichender Perspektive eher die Ausnahme als die Regel dar. Drittens, obwohl der europäische säkulare Nationalstaat und Nationalismus als Modell für andere Weltzivilisationen und –regionen diente, kristallisierte sich die Beziehungskonstellation zwischen Nationalismus, Religion und Säkularismus in nicht-europäischen Gesellschaften auf der Grundlage ihrer jeweiligen zivilisatorischen Dynamiken in unterschiedlichen Mustern heraus. Viertens, der auffällige Aufstieg des religiösen Nationalismus in vielen Gesellschaften und Regionen der nicht-europäischen Welt ist vor allem das Resultat interner religiös-nationaler Mobilisierungen im Kontext fortschreitender Demokratisierungsprozesse oder -ansprüche gegen autoritäre und autokratische säkularistische Regime und nur sekundär eine Reaktion auf die von außen einwirkenden westlichen Kräfte im Kontext sich intensivierender politischer wie ökonomischer Globalisierungsprozesse.

3. Radikalisierungen des religiösen Nationalismus in einer sich globalisierenden Welt

In diesem dritten und letzten Teil will ich nun die Kernproblematik der glaubensmotivierten Radikalisierung im Rahmen des sich verbreitenden religiösen Nationalismus unter der Bedingung sich intensivierende Globalisierungsprozesse eingehen. Ich beginne mit einigen Bemerkungen zu dem Beziehungszusammenhang zwischen dem glaubensmotivierten Radikalismus und dem religiösen Nationalismus, werde dann die Hauptbedingungen für eine Radikalisierung des religiösen Nationalismus in der sich gegenwärtig globalisierenden Welt umreißen und schließlich in einer vergleichenden historischen Perspektive auf einige Beispiele in Europa, Nord- und Südamerika sowie der islamischen Welt eingehen.

Die meisten aktuellen Untersuchungen zum glaubensgeleiteten Radikalismus gehen von den religiös-fundamentalistischen Bewegungen innerhalb der drei abrahamischen Stränge des Judentums, Christentums und Islams aus und vergleichen diese dann mit fundamentalistischen Strömungen in anderen Weltreligionen. So wird etwa in der grundlegenden Chicagoer Fundamentalismusstudie unter der Leitung von Martin Marty und Scott Appleby (1990-95) Fundamentalismus gefasst als „eine Tendenz einiger Mitglieder traditioneller Religionsgemeinschaften, sich von Glaubensgenossen zu trennen und die sakrale Gemeinschaft in einem disziplinierten Gegensatz zu Ungläubigen und lauwarm Gläubigen gleichermaßen zu redefinieren" (Marty/Appleby 1995: 1). Auf der Grundlage dieser Definition werden dann fundamentalistische Mobilisierungen zunächst vergleichend hinsichtlich ihrer Beziehungen zu verschiedenen Ebenen von Staat und Gesellschaft analysiert und schließlich in ihrer Dynamik unter unterschiedlichen sozio-politischen Rahmenbedingungen zu erklären versucht. Eine zentrale vergleichende Untersuchungsebene ist dabei auch die Beziehung des religiösen Fundamentalismus zu Politik, Nationalstaat und Ethnizität. Allerdings werden diese politische Sphären im Einklang mit den dominierenden modernisierungstheoretischen Ansätzen als säkulare Bereiche verstanden, in die der religiöse Fundamentalismus potentiell und manchmal aktuell einbricht. Folgt man stattdessen einer multiplen Modernitätsperspektive, dann erscheint mir diese begriffliche Strategie freilich zu eng, da Staaten, Nationen und entsprechende kollektive Identitäten sowohl religiöse wie säkulare Dimensionen enthalten, die eine glaubensgeleitete Radikalisierung von religiösen wie säkularistischen und ethnisch-nationalen wie zivil-politischen Identitäten ermöglichen[19].

Folgt man hier dem Eisenstadt'schen Ansatz (Eisenstadt 1996a, 1999a), so sind es die religiös-universalistischen und totalistisch-jakobinischen Dimensionen der achsenzivilisatorischen Modernitäten, die beide das Potential von glaubensgeleiteten Radikalisierungen sowohl in religiöser als auch in säkularistischer Form enthalten. Allerdings handelt es sich dabei, um es noch einmal zu unterstreichen, um bloße religiöse oder säkularistische Potentiale, und die Aktualisierung dieser Potentiale hängen von verschiedenen kontextuellen Faktoren ab. Von Bedeutung sind, erstens, die Form der Religion und ihres zivilisatorischen Einflusses, die Intensität des tranzendental-weltlichen Dualismus, die Form und das Ausmaß des religiösen Monopolismus gegenüber dem religiösen Pluralismus und ihr Einfluss auf die Säkularitätsformen und Säkularisierungsmuster. Dann spielen zweitens die Formen des Staates oder politischen Zentrums eine Rolle, entweder in ihren autokratisch-autoritären und demokratisch-pluralistischen Regimeformen und ihrer Beziehung zu der religiösen Sphäre. Drittens sind entscheidend die ethnisch-primordialen oder zivil-politischen Formen der nationalen Integration, die Beziehungen zwischen den ethnischen und nationalen Gruppen innerhalb oder außerhalb eines Nationalstaats sowie wiederum deren Beziehungen zu den jeweiligen Religionen. Viertens sind weiterhin von Bedeutung die sozialen Bedingungen, das Ausmaß sozialer Ungleichheit und sozialer Krisen und dadurch geprägten sozialen Identitäten, die religiöse wie säkularistische Formen eines glaubensorienterten Fundamentalismus ermöglichen. Und schließlich fünftens sind auch die globalen

---

19 Die im letzten Band der Chicagoer Studie (Marty/Appleby 1995) versammelten sehr unterschiedlichen Erklärungsstrategien des Fundamentalismus, so neben dem erklärenden Resumée der Autoren selbst etwa auch die von Shmuel Eisenstadt oder Ernest Gellner, sind weder in diesem Band selbst noch meines Wissens später einer systematischen theoretischen wie methodologischen Reflektion unterzogen worden – gewiss ein äußerst fruchtbarer Ausgangspunkt, um den Bezug von Theorievergleich und Methoden empirischer Sozialforschung zu diskutieren.

Rahmenbedingungen zu berücksichtigen, die für kooperative oder konflikthafte Beziehungen zwischen ethno-nationalen und religiösen Gruppen und ihre Intensivierung durch Globalisierungsprozesse zentral sind. Im folgenden will ich diese Punkte in einem vergleichenden Aufriss eines sich radikalisierenden religiösen oder säkularen Nationalismus in Europa, Nord- und Südamerika sowie der islamischen Zivilisation verdeutlichen.

In einer langfristigen historischen Perspektive auf Europa können mehrere Typen einer glaubensgeleiteten Radikalisierung des Nationalismus oder der nationalen Identität in der Moderne unterschieden werden—abhängig von der historischen Phase der Modernisierung, dem politischen Regimetyp und der dominanten Religionsform[20]. Im frühmodernen Europa ist vor dem Hintergrund der Protestantischen Reformation und der dadurch gespeisten frühen Formen des Nationalismus ein bekanntes Beispiel das theokratische Stadtregime Calvins (Walzer 1965), ein anderes im Kontext des englischen Bürgerkriegs die fundamentalistische Radikalisierung des englischen protestantischen Nationalismus unter Oliver Cromwell (Hastings 1997); im ersten Fall scheiterte das theokratische Experiment am zivil-religiösen Widerstand der Stadtbürgerschaft, im zweiten Fall entwickelte sich eine konstitutionelle Demokratie auf der Basis eines sich pluralisierenden protestantischen Nationalismus.

Im Einschnitt zur Moderne ging die Französische Revolution einher mit der Radikalisierung eines aufgeklärten Säkularismus gegen den Absolutismus des *ancien régime* und dessen enge Verbindung mit der monopolistischen katholischen Kirche und führte schließlich zu einer Einbindung der katholischen Schichten in den dominanten laizistisch-säkularen Nationalismus (Gibson 1989, Hastings 1997). Unter dem Einfluss der napoleonisch-europäischen Kriege bekam der französische aufgeklärte Säkularismus zugleich auch ein Modell für andere Nationalismen weiter östlich in Europa, doch zugleich in variierenden Spannungen und Konflikten mit den religiösen Grundlagen des Nationalismus in

---

20 Einen interessanten historisch-soziologischen Vergleich proto-fundamentalistischer und fundamentalistischer Bewegungen in Europa und anderen Zivilisationen hat Shmuel Eisenstadt in seiner englisch-sprachigen Arbeit *Fundamentalism, Sectarianism, Revolution* (1999b) vorgelegt, der die deutsche Ausgabe ohne diese historisch-vergleichenden Teile unter dem Titel *Antinomien der Moderne* (1996a) vorherging.

dem jeweiligen Land[21]. In den meisten europäischen Ländern trug der aufgeklärte Liberalismus der Eliten von oben zu einer Radikalisierung in Form eines anti-klerikalen säkularistischen Sozialismus von unten bei und beiden Strömungen stemmte sich ein religiöser Konservatismus und Populismus entgegen. Infolgedessen entwickelte sich in jedem Land eine Kluft zwischen dem religiösen und säkularen Lager in Abhängigkeit von dem politischen Regimetyp und der herrschenden Religionsform (Martin 1978, Spohn 2003b). Im protestantischen Nordeuropa war ein pluralistisches Säkularisierungsmuster charakteristisch; im katholischen Südeuropa wiederholte sich das französische säkularistische und organischreaktive Modell; in Deutschland führte der konfessionelle Dualismus zu einem protestantisch-sozialistischen wie katholisch-integralen Fundamentalismus; während sich in Ostmitteleuropa ein scharfer Gegensatz zwischen einem sozialistischem Säkularismus und einem religiösorganischen Nationalismus entwickelte – zusätzlich kompliziert durch die multi-ethnische Zusammensetzung dieser Gesellschaften. Diese vielfältigen säkular-religiösen Bruchlinien brachen sich schließlich Bahn in nationalen Bürgerkriegen und europäischen Weltkriegen zwischen oppositionellen säkular-sozialistischen und religiös-reaktiven fundamentalistischen Nationalismen. Nur mit der endgültigen Demokratisierung der westeuropäischen Gesellschaften nach 1945 und in Osteuropa nach 1989 fanden die jeweiligen Mixturen zwischen säkularen und religiösen Formen nationaler Identität in einem pluralistisch-demokratischen Konsensus zueinander – zusätzlich abgesichert durch das Integrationsdach des transnationalen europäischen Ordnung.

Obwohl sich die nord- wie die südamerikanischen Gesellschaften allgemein aus der europäischen Zivilisation ableiten, stellen sie als die ersten Formen multipler Modernität (Eisenstadt 2000) unterschiedliche Konstellationen von Nationalismus, Religion und Säkularismus dar,

---

21 Dies gilt auch schon für Deutschland (Spohn 1995). In der ansonsten ausgezeichneten Arbeit von Giesen zu Intellektuellen und Nation (1998) fehlt allerdings im Sinne der selbst mit Eisenstadt (1995) herausgehobenen drei kulturellen Codes von kollektiven Identitäten eine systematische Analyse der religiösen Dimension des deutschen Nationalismus.

die zugleich unterschiedliche Grundlagen für eine fundamentalistische Radikalisierung bilden. In seinen hegemonialen Schichten leitet sich der US-amerikanische Nationalismus ab aus einer britischen Mischung eines aufgeklärten und pluralistischen Protestantismus (Lipset 1996). Durch die Amerikanische Revolution radikalisierte sich diese Aufklärungstradition auf der Elitenebene, während auf der populären Ebene das protestantisch-puritanische Dissentertum sich verallgemeinerte und zugleich das religiöse Modell für die Immigration und Integration anderer ethnoreligiöser Gruppen darstellte. Unter diesen Bedingungen verharrte der Prozess der Säkularisierung, wie angedeutet, primär auf der institutionellen Ebene, während die kulturelle Säkularisierung auf der Grundlage kontinuierlicher Einwanderungswellen und ständiger missionarischer Evangelisierungen der amerikanischen Gesellschaft insgesamt schwach blieb (Martin 1978, Casanova 1994). Innerhalb dieser Rahmenbedingungen blieb der aufgeklärte Säkularismus ein beschränktes Elitephänomen und die säkularistisch-sozialistischen Strömungen auf politische Kulturen spezifischer Immigrantengruppen beschränkt und damit ohne Resonanz in der breiteren amerikanischen Gesellschaft. Stattdessen entwickelte sich der amerikanische protestantische Fundamentalismus im Kontext von massiver Industrialisierung, Urbanisierung und Immigration als eine Reaktion auf die modernisierenden Trends innerhalb der Theologie als auch der negativen Aspekte der modernen industriell-urbanen Lebenswelt (Riesebrodt 1990[22]). Der protestantische Fundamentalismus entwickelte sich im 20. Jahrhundert in Wellen und unterschiedlicher Einflussweite in Gesellschaft und Politik, verstärkte sich im Kontext der Globalisierungsauswirkungen am Ende des 20. Jahrhunderts, doch verblieb er zugleich im Rahmen einer pluralistisch-demokratischen Gesellschaft.

Dagegen entwickelten sich die lateinamerikanischen Gesellschaften unter dem Dach der gegenreformatorischen katholischen Kolonialherrschaft Spaniens und Portugals und reproduzierten damit das südeuropäisch-lateinische Muster einer starken Trennung zwischen staatlich-kirchlichem Autoritarismus und säkularistischem Antiklerikalismus (Martin 1991, Casanova 1994). Zugleich wurde das lateinische Säkulari-

---

[22] Mit einem interessanten, wenn auch unter dem Begriff der patriarchalischen Protestbewegung nicht ganz unproblematischen Vergleich zum Iran.

sierungsmuster durch den begrenzten Einfluss von Kirche und Staat auf die Gesellschaft sowie die Transformationswirkung der indigenen und afrikanischen Religionen auf den hegemonialen Katholizismus deutlich modifiziert. Der lateinische Zusammenprall zwischen dem organisch-katholischen Lager und dem anti-katholischen, liberal und später sozialistisch säkularistischen Lager blieb eher ein Phänomen der Eliten und Mittelklassen mit einem nur begrenzten Einfluss auf die Volksreligionen. Im Kontext multi-ethnischer und multi-rassischer Gesellschaften differenzierten sich die Volksreligionen in verschiedene Strömungen eines traditionellen Klerikalismus, Sozialkatholizismus oder einer Mischung von Katholizismus und Spiritualismus als Ausgangspunkt für die seit geraumer Zeit massiv wachsende Konversion zum evangelikalen Protestantismus (Martin 2002). In diesem komplexen Kontext konnte sich eine fundamentalistische Radikalisierung von Religion nur bedingt in einen religiösen Nationalismus umsetzen. Wohl wurde der organisch-katholische Kern durch fundamentalistisch-säkularistische Bewegungen herausgefordert, doch die Formierung nationaler Identitäten war gezwungen, die mannigfaltigen sozialen, ethnischen und rassischen Schichten der Gesellschaft und so auch die verschiedenen Formen religiöser Identität zu integrieren[23]. Infolgedessen arrangierten sich auch die revolutionären, liberal oder sozialistisch-säkularistischen Regime wie in Mexiko oder Cuba an die Volksreligionen an und blieben daher auch fundamentalistisch-religiöse Strömungen von unten eher schwach ausgeprägt.

Wenden wir uns schließlich noch der islamischen Zivilisation zu, so entwickelten sich dort fundamentalistische Radikalisierungen von religiösen oder säkularen Formen des Nationalismus unter Rahmenbedingungen, die von den europäischen und amerikanischen, dominant christlichen Zivilisationen deutlich unterschieden sind. Als die letzte Form der abrahamischen Achsenzeitzivilisationen ist der Islam durch eine striktere Form des prophetischen Monotheismus, eine stärker integrale Beziehung zwischen Recht und Religion sowie eine stärker poli-

---

23 Ein interessanter Vergleich von Staatsformierung, Nationsbildung und Rassenbeziehungen zwischen Brasilien, den USA und Südafrika ist hier Marx (1998).

tisch-militante Form der Mission gekennzeichnet—zugleich unter kontrollierender Tolerierung von lokalen Varianten des Islam sowie anderer Religionen in hierarchisch-segmentierten Gesellschaften (Arjomand 2003, Gellner 1981, Stauth 1998). Über lange Zeiträume war die islamische Zivilisation ökonomisch, politisch und auch kulturell dem christlichen Europa überlegen, doch mit dem Aufstieg Europas durch Modernisierung, Imperialismus und Kolonialismus drehte sich diese interzivilisatorische Machtbalance grundlegd um (Höfert/Salvatore 2000, Lewis 1993). In Reaktion auf diese geopolitische Machtumkehr verharrten die Eliten in den islamischen Ländern in traditioneller Abwehrhaltung oder übernahmen zunächst westliche und dann östliche Modelle der Modernisierung, um die zunehmend sich verschärfende politische, militärische und ökonomische Rückständigkeit zu überwinden—ohne dabei freilich Alltagsreligion und Zivilrecht selbst unter der Ägide säkularmodernisierender Regime allzu sehr anzutasten (Asad 2003, Charrad 2004, Salvatore 1997). Mit den krisenhaften und oft fehlgeschlagenen Modernisierungsprozessen entweder in westlichen oder östlichen Formen, begannen und entwickelten sich islamische Reformströmungen, die sich zunehmend auch gegen die eigenen liberalen und sozialistisch säkularen Regimeformen kehrten. Das Ausmaß, in dem sie mit einer national-umfassenden islamischen Mobilisierung erfolgreich waren, hing dabei sowohl von dem Typus und der Reaktion des säkularistischen Regimes als auch der national-einigenden Kraft islamischer Mobilisierung ab (Esposito 1999, Esposito/Burgat 2003).

Die Führung in der west-orientierten Modernisierung übernahm dabei nicht von ungefähr das imperiale Zentrum der islamischen Zivilisation in Gestalt des Osmanischen Reichs, indem es sich auf der Grundlage reformislamischer Strömungen über die kemalistische Revolution in einen liberal-säkularistischen Nationalstaat verwandelte. Auch hier entwickelte sich gegen den säkularistischen Autoritarismus eine Wiedererstarkung und Mobilisierung islamischer Strömungen, doch zugleich wurde diese durch den liberal-konstitutionellen Kontext beeinflusst, der islamisch-reformdemokratische Kräfte unterstützte und fundamentalistische Radikalisierungen entmutigte (Zürcher 2004, Bazdogan/Kasaba 1997, Kaya 2004). Diese westliche Modernisierungsorientierung wurde auch durch das zweite Zentrum der islamischen Welt: des Iran verfolgt, doch hier wurde sie durch das traditionell-autokratische Pahlewi Regime durchgeführt, das seinerseits eine fundamentalistische Shiitische Mobilisierung begünstigte und durch revolutionären Umsturz durch eine Islamische Theodemokratie abgelöst wurde (Arjomand 1993, McDaniel 1992). Seitdem können auch hier pluralisierende und säkularisierende Tendenzen beobachtet werden (Arjomand 2001). Die meisten anderen islamischen Gesellschaften als frühere Peripherien zunächst des Osmanischen Reichs und dann der europäischen Kolonialmächte (mit Ausnahme der traditionellen Autokratien) folgten nicht dem liberal-säkularistischen Weg, sondern verbanden Dekolonialisierung mit der Etablierung autoritärer bis autokratischer und sozialistisch orientierter Regime. Hier folgte zunächst die religiöse Wiederkehr einem eher pluralistischen Kurs islamischer Reform, wenn auch in Begleitung radikal-revolutionärer islamistischer Minderheitsströmungen wie etwa die muslimische Bruderschaft, die Jaamat-i-Islami, Hisbolla, Hamas oder die Islamische Befreiungsfront. Trotz einer häufig harschen Verfolgung dieser „Soldaten Gottes" waren sie meistens nicht in der Lage, die pluralen islamischen Reformbewegungen in einen radikalen islamischen Nationalismus zu transformieren, da die meisten autoritären Regierungen sich mit dem Islam arrangierten und von einer sozialistisch-säkularistischen in eine sozialistisch-islamische Regierungsideologie wechselten (Esposito 1999, Esposito/Burgat 2003).

Fazit

Nach diesem Aufriss eines Zivilisationsvergleichs der variierenden Formen eines religiösen und säkularen Nationalismus als Grundlage für unterschiedliche Ausprägungen und Radikalisierungen einer fundamentalistischen Radikalisierung will ich meinen eigenen Erklärungsansatz für die weltweite Mobilisierung des religiösen Nationalismus und seiner häufigen Verbindung mit einer fundamentalistischen Radikalisierung in der gegenwärtig sich globalisierenden Welt abschließend noch einmal in drei Punkten zusammenfassen.

Erstens verbinden auf der Grundlage unterschiedlicher Zivilisationen und im Rahmen der gegenwärtigen Modernisierungs- und Globalisierungskontexte die Formierungsprozesse von Nation, Nationalismus und nationaler Identität sowohl religiöse wie säkulare Komponenten. Die ursprünglichen Formen von Modernität in Europa waren überwiegend, mit der charakteristischen Ausnahme peripherer Nationen, durch den mehr oder weniger starken Einfluss der säkularen Strömungen auf Nationalismus und nationale Identität gekennzeichnet. Jedoch bildet Europa trotz seines imperialen und kolonialen Einflusses auf andere Zivilisationen mehr die Ausnahme denn die Regel. Der europäisch säkularisierende Einfluss auf andere Zivilisationen und sich entwickelnde Nationalstaaten blieb im wesentlichen auf die Modernisierungseliten beschränkt und sank kaum in die Kultur der breiteren Schichten der sich formierenden Nationen ab. Infolgedessen zeigten sich auch in den Prozessen der Nationsbildung und der nationalen Identitätsformierung in nicht-europäischen Zivilisationen in stärkerem Maße religiöse Komponenten – wenn auch nicht in Bewahrung autochthon-traditioneller Formen sondern rekonstruktiv beeinflusst durch das Aufeinandertreffen mit den unterschiedlichen europäisch-imperialen Kulturen (van der Veer 1993, 1999).

Zweitens stellt die fundamentalistische Radikalisierung der religiösen und säkularen Komponenten von Nationalismus auf der Grundlage von Achsenzeitkulturen ein allgemeines Potential dar. Im europäischen Kontext religiös legitimierter absolutistischer Staaten bestand die Haupttendenz in einem sich radikalisierenden Säkularismus zunächst in liberaler und später in sozialistischer Orientierung, doch entwickelten sich mit dem Einfluss dieses radikalisierten Säkularismus auf die Formierung von Nationen zugleich religiös-nationalistische Gegenbewegungen. Vor allem die Entwicklung von Nationen und nationalen Identitäten in Mittel- und Osteuropa mit ihren ethnisch gemischten Regionen stellten einen leidvoll fruchtbaren Boden für einen solchen Zusammenprall zwischen radikalisierten säkularistischen und religiösen Formen des Nationalismus dar. In nicht-europäischen Zivilisationen blieb die säkularistische Radikalisierung des Nationalismus dagegen mehr ein Elitephänomen, und in einer Gegenbewegung war und ist die religiöse Radikalisierung des populären Nationalismus deutlich weiter verbreitet. Wie der Vergleich zwischen der amerikanischen und islamischen Zivilisation nahe legt, ist eine fundamentalistische Radikalisierung des religiösen Nationalismus um so wahrscheinlicher, um so stärker ein Säkularismus in autoritärer oder autokratischer Form von oben auf Gesellschaften mit eingelebten religiösen Institutionen und Mentalitäten oktroyiert wird.

Drittens führen Globalisierungsprozesse in Form eines sich globalisierenden Kapitalismus, von globalen Regierungsinstitutionen, einer globalen Kultur und weltweiter Migration zu einer Intensivierung inter-zivilisatorischer und inter-religiöser Interaktionen und schärfen dadurch zivilisatorische, religiöse und nationale Bewusstseinsformen und Identitätsbildungen. Als solche müssen diese sich intensivierenden inter-zivilisatorischen Begegnungen nicht notwenig zu einem zivilisatorischen und fundamentalistischen Kampf der Kulturen führen. Doch im Kontext der weltweiten Verbreitung und Mobilisierung von religiösem und ethnischem Nationalismus tragen sie entscheidend zur Radikalisierung des religiösen Nationalismus bei – zumal wenn diese inter-zivilisatorischen Begegnungen durch Machthierarchien, Diskriminierungen, stereotype Wahrnehmungsweisen und fundamentalistische Wertorientierungen strukturiert sind. Im Falle der islamischen Welt und des Westens befördert der demokratische Kreuzzug christlich-fundamentalistischer Strömungen in den USA gerade – so vielleicht die traurige Lehre aus dem jetzigen Irakkrieg - eine Radikalisierung islamischer Formen des religiösen und ethnischen Nationalismus. Doch umgekehrt, falls ökumenisch-kosmopolitische Orientierungen westliche Außenpolitik leiten würden, gäbe es auch eine gewisse Hoffnung, dass die radikal-fundamentalistischen Strömungen und Organisationen an Einfluss in der islamischen Welt verlören und eine stärker religiöse Pluralisierung und teilweise auch säkulare Transformation des religiösen Nationalismus und der religiös geprägten nationalen Identitäten zur Demokratisierung islamischer Gesellschaften beitragen würde.

III. Europäisierung, Religion und kollektive Identitäten – Zur kulturellen Konfliktdynamik europäischer Erweiterung und Integration

Einleitung

Religion spielt nicht nur global, sondern auch in den europäischen Gesellschaften und der EU-Politik eine zunehmend konfliktträchtige Rolle. Dafür sind aus meiner Sicht drei miteinander zusammenhängende Gründe verantwortlich. Erstens rekonstituierte sich nach dem Zusammenbruch des Sowjetkommunismus und der Wiedervereinigung des geteilten Europas der umfassende strukturelle und kulturelle Pluralismus der europäischen Zivilisation – charakterisiert durch vielfältige Formen von Religion und Säkularität und deren unterschiedliche Wirkungen auf Staaten, Nationen, ethnische Gruppen und entsprechende kollektive Identitäten. Zweitens transformieren sich europäische Gesellschaften aufgrund wachsender internationaler Migration und Immigration in stärker multikulturell und religiös diversifizierte Gesellschaften. Drittens ist die gegenwärtige Globalisierungsphase begleitet von einer Intensivierung inter-zivilisatorischer und inter-religiöser Interaktionsbeziehungen in kooperativen und kompetitiven sowie auch, namentlich zwischen der islamischen und der christlich-säkularisierten Welt, in ausgeprägt konfliktiven Formen.

Infolge der gegenwärtigen Revitalisierung und Politisierung von Religion gerät der sich nach Osten erweiternde europäische Integrationsprozess, motiviert durch die Vision einer gesamteuropäischen politisch-rechtlichen und sozio-ökonomischen transnationalen Ordnung sowie einer humanistisch-säkularen und christlich-ökumenischen Wertegemeinschaft und Identität, zunehmend in Schwierigkeiten. Einerseits gibt es die strukturellen und institutionellen Probleme der politisch-rechtlichen und sozio-ökonomischen Integration einer großen Zahl neuer

Mitgliedsländer mit entsprechenden Rückwirkungen auf die alten Mitgliedsländer und die europäische transnationale Rahmenordnung. Andererseits wird der – wie ich ihn nenne – säkular-kulturelle Integrationsmodus der Europäischen Union durch den Einfluss anderer und weniger säkularisierter Religionen innerhalb und außerhalb der europäischen Gesellschaften zunehmend herausgefordert. Diese vielschichtige Legitimationskrise eines sich erweiternden Europa brach sich Bahn in der öffentlichen Ablehnung des europäischen Verfassungsvertrags durch zwei Gründungsmitglieder der europäischen Gemeinschaft – trotz der zentralen Funktion dieses Verfassungsvertrags für die Überwindung der institutionellen und politischen Probleme der erfolgten Osterweiterung.

Angesichts der wachsenden und zunehmend konfliktiven Rolle der Religion in Europa erweist sich nicht nur das vorherrschende europäische kulturelle Integrationsmodell als nicht ausreichend gerüstet, sondern auch die vorherrschenden Ansätze in den Sozial- und Politikwissenschaften, die bis vor kurzem für die Analyse, Erklärung und eventuelle Neuausrichtung der kulturellen Dimension europäischer Integrationspolitik nur mangelhaft vorbereitet waren. Die weitaus überwiegende Zahl der Ansätze und Untersuchungen zur europäischen Integration und Erweiterung vernachlässigen, ganz im Einklang mit der vorherrschenden Modernisierungs- und Integrationstheorien und der ihnen unterliegenden Säkularisierungsthese die religiöse Dimension Europas. Erst in jüngster Zeit entwickeln sich neue Forschungsansätze und Untersuchungen zum Verhältnis von Europäisierung und Religion[24].

In diesem Kontext will ich im Folgenden insgesamt fünf Punkte behandeln: Erstens will ich meinen eigenen Ansatz multipler Modernitäten zu Europäisierung und Religion erläutern. Zweitens werde ich das Beziehungsverhältnis zwischen dem europäischen kulturellen Integrationsmodells und den verschiedenen religiös-säkularen Konfigurationen in den Gesellschaften West- und Osteuropas umreißen. Drittens werde ich die europäischen und nationalstaatlichen Formen der Staatsbürgerschaft und kulturellen Integration hinsichtlich der Immigranten und ihrer Minderheitsreligionen kennzeichnen. Viertens werde ich den wachsenden

---

[24] Zu nennen hier vor allem T. Byrnes/P. Katzenstein 2004; des weiteren J. Gerhards/M. Hölscher 2005 mit reichem Datenmaterial der empirischen Sozialforschung und H. Joas/K. Wiegandt (2005) mit kultur- und religionssoziologischen Beiträgen.

Einfluss der religiösen Divergenz und ihrer Mobilisierung auf die intra- und interzivilisatorischen Grenzziehungen und ihre konfliktive Folgen für den Erweiterungsprozess der Europäischen nach Osten und Südosten charakterisieren. Und fünftens werde ich mit einer Kritik des säkular-religiösen europäischen kulturellen Integrationsmodells aus der Perspektive eines säkular wie religiös pluralen Integrationsmodells schließen.

1. Europäisierung, Religion und kollektive Identitäten – Ein Ansatz multipler Modernitäten

Theorien europäischer Integration betrachten Religion normalerweise nicht als einen relevanten Faktor (etwa Loth/Wessels 2001, Wiener/Dietz 2004, Spohn 2006b)[25]. Im Gegenteil, durch die Projizierung der modernisierungstheoretischen Säkularisierungsthese auf die Ebene des transnationalen europäischen Regimes setzen die Politik- und Sozialwissenschaften meistens implizit eine entstehende säkulare Form der europäischen kulturellen Integration voraus und damit eine europäische säkulare Identität oder europäische Zivilreligion (kritisch: Casanova 2004, Siedentop 2001: 189-214). Angesichts der gegenwärtigen Revitalisierung von Religion entstehen nun neue Ansätze zur Analyse von Europäisierung und Religion – zu nennen ist hier namentlich der Sammelband von Timothy Byrnes und Peter Katzenstein: *Religion in an Expanding Europe* (2004), in dem die versammelten Beiträge die Rolle der national und transnational organisierten Religion im Neuen Europa untersuchen. Der hier zugrundegelegte Ansatz geht parallel mit Revisionen in den Sozial-, Kultur- und Geschichtswissenschaften und insbesondere in der Religi-

---

25 Dies gilt trotz der „Kulturwende" in der politikwissenschaftlichen Subdisziplin der Internationalen Beziehungen, vgl. Wiener/Dietz 2004; trifft aber auch auf die neuen soziologischen Ansätze zur Europäisierung nationaler Gesellschaften zu, vgl. Bach 2000. Ein systematische Aufnahme von Religion in die Theorien internationaler Beziehungen wie die von Thomas (2006) steht für die Theorien europäischer Integration noch aus. Ein weiteres systematisches Defizit der Theorien europäischer Integration besteht in der Vernachlässigung der externen Bedingungen europäischer Integration, siehe meine ausführliche Darstellung dieses Problems in Spohn 2006b.

onssoziologie unter den Stichworten der vielfältigen europäischen Säkularisierung (Lehmann 1997, Martin 2005), des europäischen säkularen Sonderwegs (Casanova 2004) oder des post-säkularen Europa (Eder 2003).

In diesem Kontext möchte ich zunächst meinen eigenen multiplen Modernitätsansatz zu Europäisierung, Religion und kollektiven Identitäten umreißen. Er folgt dabei im Wesentlichen dem zivilisationsvergleichenden Ansatz von Shmuel Eisenstadt (1987, 1996, 2000, 2003) und soll hier in vier Postulaten umrissen werden:

1. Aus einer zivilisationsvergleichenden Perspektive ist die europäische Zivilisation durch die spezifische Form eines strukturellen und kulturellen Pluralismus gekennzeichnet (Eisenstadt 1987)[26]. Er entwickelte sich auf der Grundlage von vielfältigen politischen, sozioökonomischen, religiösen und kulturellen Zentren sowie unterschiedlichen religiösen und kulturellen Lebenswelten und Weltanschauungen. Dies ist der historische Kern der europäischen multiplen Modernität[27]. Von besonderer Bedeutung ist hier das griechische und römische: institutionelle, rechtliche und philosophische Erbe sowie das Christentum in seinen westlichen und östlichen Spielarten, seinen jüdischen Wurzeln und seinen Gegensätzen zum Islam. In seiner Kerngestalt ruht Europa auf den Grundlagen des Karolingischen Reichs und des römischen Christentums auf, doch entwickelte es sich im Rahmen seiner vielfältigen institutionellen, religiösen und kulturellen Quellen sowie seiner geopolitischen, inter-zivilisatorischen und inter-religiösen Interaktionsbeziehungen und Konflikte mit sich verändernden Grenzziehungen und Identitäten (Delanty 1995, Malmborg/Strath 2002, Wobbe 2005). Die wichtigsten langfristigen Bedeutungen Europas sind dabei gekoppelt an die sich verändernden Beziehungen zwischen römisch-katholischem Christen-

---

26 Eisenstadt sieht eine strukturelle Ähnlichkeit vor allem zu Indien, s. Eisenstadt 1987 und 2006b.
27 Je nach Abstraktionsgrad kann man von europäischer multipler Modernität im Singular oder von europäischen multiplen Modernitäten im Plural sprechen. Im externen Vergleich zu anderen Zivilisationen ist auf der gemeinsamen dominant christlichen Grundlage der europäischen Zivilisation der Singular angemessen; im internen Vergleich der vielfältigen Formen von Modernität und Modernisierungsprozessen unter Einfluss der unterschiedlichen dominanten christlichen Religionsformen vor allem zwischen östlichem und westlichem Christentum der Plural; vgl. hierzu auch Therborn 1995.

tum, griechisch-orthodoxem Christentum und Islam; den Wandel des westlichen Christentums durch Protestantische Reformation, katholische Reform und Aufklärung; den Prozess der Säkularisierung im Rahmen der Nationalstaatsbildung und den damit verbundenen Gegensätzen zwischen Kirche und Staat, Klerikalismus und Antiklerikalismus oder Religion und Säkularismus; sowie die imperiale und koloniale Expansion Europas und die verschiedenen, pluralistischen oder imperialen Versuchen, Europa geopolitisch zu einigen..

2. Vor dem Hintergrund der multiplen religiösen Wurzeln der europäischen Zivilisation sollte der Vorgang der Säkularisierung in Europa nicht als ein unilinear fortschreitender Evolutionsprozess von den unterschiedlichen Religionsformen hin zu einer säkularen Moderne in Form der Differenzierung von Religion und den säkularen Sphären, der Verdrängung des Religiösen durch eine säkulare Kultur sowie die Privatisierung der Religion gesehen werden. Vielmehr handelt es sich um eine säkularisierende Transformation des strukturellen und kulturellen Pluralismus der europäischen Zivilisation, ohne damit die vielfältigen religiösen Grundlagen und Komponenten aufzulösen (Casanova 1994, Davie 2000, Hervieu-Léger 2000, Lehmann 1997, Martin 1978, 2005). Die strukturelle Differenzierung zwischen Staat und Kirche, die Entwicklung einer säkularen Kultur und die Privatisierung von Religion stellen keine absolut-umfassenden Prozesse dar, sondern entwickeln sich in spezifischen religiösen und säkularen Konfigurationen, die von den jeweiligen religiösen Grundlagen, religiösen Wandlungs- und Säkularisierungsprozessen abhängen. Ebenso sind Säkularisierungsprozesse häufig von der Sakralisierung der säkularen Sphären begleitet, insbesondere in der Form säkularer oder politischer Religionen, säkularer oder politischer Ideologien, und säkular-religiöser oder quasi-religiöser kollektiver Identitäten – sei es in der Form der Identifikation mit dem Staat, der Nation und dem Volk oder verwandten Formen kollektiver Identifikation (Eisenstadt 2000, 2003, 2006a). Mit anderen Worten, auch säkulare Religionen, Ideologien und Identitäten sind geprägt durch die multiplen Religionsformen und Säkularisierungsmuster innerhalb der europäischen Zivilisation (Martin 1978, 2005).

3. Im Rahmen der europäischen multiplen Modernität waren die verschiedenen Formen religiöser Entwicklung und Säkularisierung durch inter-zivilisatorischen Austausch und Konflikt beeinflusst und entsprechend von wichtigen Veränderungen in der Konstruktion europäischer Identitäten und Grenzziehungen begleitet. Während des Mittelalters verstärkte die kontinuierliche Expansion des Islam auf Kosten vor allem des östlichen Christentums die Fusion von westlichem Christentum und Europa. Mit Beginn der Neuzeit resultierte aus der Protestantischen Reformation eine grundlegende Spaltung des westlichen Christentums, die Verselbständigung absolutistischer Staaten und nationaler Identitäten und die Entwicklung religiöser und nationaler Konflikte, doch führte sie zugleich zur Schaffung des Westfälischen Systems europäischen Mächtegleichgewichts, das diese religiösen und nationalen Spaltungen und Konflikte einzudämmen versuchte. Das parallele westliche Vordringen des Osmanischen Reichs auf Kosten der christlichen Orthodoxie ebenso wie die katholische *Reconquista* der islamisch beherrschten iberischen Halbinsel verschärfte gleichzeitig den Gegensatz zwischen westlichem Christentum und Islam und schwächte damit zugleich die Gegensätze zwischen katholischem und protestantischem Christentum ab. Die Aufklärung, die Französische Revolution und die sich anschließenden säkularistischen Revolutionen in Europa schwächten die Spaltung innerhalb des westlichen Christentums weiter ab, verstärkten aber zugleich den Gegensatz zwischen dem so wahrgenommenen „aufgeklärt-modernen" Westen und dem „rückständig-religiösen" Osten. Dieses Muster setzte sich auch nach der russischen Oktoberrevolution und der Errichtung und Expansion des sowjetkommunistischen Herrschaftssystems nun allerdings unter umgekehrten Vorzeichen: fort: angesichts der säkularistisch-totalitären Bedrohung von Osten verringerten sich auch die säkular-religiösen Gegensätze im Westen (Delanty 1995, Pagden 2002, Wobbe 2005).

4. Auf diesen historischen Grundlagen ermöglichte die Teilung Europas im Rahmen des entstehenden globalen Ost-West-Konflikts nach dem 2. Weltkrieg die Entwicklung des europäischen Integrationsprojekts. Der Gegensatz zum atheistischen Sowjetkommunismus verringerte endgültig die internen westlichen Konfliktlinien zwischen Katholizismus und Protestantismus und verdeckte zugleich die externen Grenzziehun-

gen zum orthodoxen Christentum wie zum Islam. Mit dem Zusammenbruch des sowjetkommunistischen Imperiums und der Intensivierung der Globalisierung veränderten sich aber die externen Grenzziehungen erneut: die westeuropäischen christlich-säkularisierten Gesellschaften sind nun konfrontiert mit der Revitalisierung von Religion und einem stark ethnisch und religiös geprägten Nationalismus in Osteuropa sowie der Mobilisierung und Politisierung der Religion in den islamischen Gesellschaften (Axtmann 1999, Delanty 2005). Diese kulturell-religiösen Asymmetrien stellen – so meine Hauptthese – den allgemeinen Kern der kulturellen Konfliktdynamik der Erweiterung des europäischen Integrationsprojekts nach Osten und Südosten dar.

2. Europäische multiple Modernität, Religion und transnationale kulturelle Integration

Der erste hauptsächliche Grund für die wachsende Bedeutung der Religion für den europäischen Integrationsprozess und das damit verbundene europäische kulturelle Integrationsmodell besteht in der Wiederherstellung des gesamteuropäischen strukturellen und kulturellen Pluralismus und mit ihm die religiöse Mannigfaltigkeit der europäischen Zivilisation. Der Entwicklungsprozess der europäischen Integration gründete sich zunächst hauptsächlich auf die Formierung transnationaler ökonomischer, politischer und rechtlicher Institutionen und Politiken, während die Frage der europäischen kulturellen Integration und die Entstehung einer europäischen Identität als Identifikation mit der europäischen Integrationsordnung für lange Zeit eher implizit oder latent blieb (Kohli 2000, Shore 2000). Die kulturellen Grundlagen der europäischen Integration waren ursprünglich katholische, katholisch-laizistische und katholisch-protestantisch gemischte Länder sowie auch sozialkatholische und christlich-demokratische Politiker und Intellektuelle, jedoch wenn sich die Frage einer europäischen Identität als Antwort auf das sichtbar werdende europäische Legitimationsdefizit stellte, wurde sie hauptsächlich in säkularen, politisch-legalen wie sozio-ökonomischen denn in kulturellen oder religiösen Konzepten zu beantworten versucht. Dies veränderte sich erst mit der Konfrontation der westeuropäisch definierten EU durch die neuen Mitgliedstaaten im Osten, mit ihren unterschiedlichen Religionsformen, geringeren Säkularisierungsgraden und ausgeprägten Formen von religiösem Nationalismus. Dazu kommt die Frage der eventuellen Inkorporation der Türkei mit einem wohl säkularen staatlichen Regime doch einer zunehmenden islamischen Mobilisierung der türkischen Zivilgesellschaft Vor diesem Hintergrund traf und trifft der Versuch, ein explizites kulturell-integratives Modell für die vielfältigen: religiösen, spirituellen, kulturellen und säkularen Quellen einer europäischen Identität in Form des übergreifenden Rahmens der Präambel eines europäischen Verfassungsvertrags zu formulieren, auf grundsätzliche Schwierigkeiten. Sie bestehen vor allem darin, die humanistisch-säkularen und westlich-christlichen Wertegrundlagen des kulturell-integrativen Modells auf die neuen ostmittel- und südosteuropäischen Mitgliedstaaten und Beitrittskandidaten mit ihren unterschiedlichen katholischen, christlich-orthodoxen und islamischen Traditionen zu übertragen.

Das europäische kulturelle Integrationsmodell entstand als ein institutioneller und legaler, transnationaler Rahmen zur Integration der religiösen und säkularen Vielfalt. Als ein Teilstück des Mehrebenenregimes der Europäischen Union formuliert es einerseits auf der europäischen Ebene die allgemeinen Prinzipien der menschlichen, kulturellen und religiösen Rechte im Einklang mit den nationalen Verfassung der Mitgliedstaaten und überlässt es andererseits den jeweiligen Mitgliedstaaten, diese Prinzipien nach Maßgabe ihrer eigenen rechtlichen, kulturellen und religiösen Traditionen zu handhaben. Auf der europäischen Ebene umfassen diese Grundprinzipien im Wesentlichen die Werte der religiösen Freiheit, der Unionsneutralität gegenüber unterschiedlichen Weltanschauungen, der Toleranz gegenüber den unterschiedlichen religiösen und säkularen Wertorientierungen ebenso wie die gleiche Behandlung religiöser Gemeinschaften. In ihrem Kern sind diese Prinzipien durch ein sowohl humanistisch-säkulares als auch religiös-ökumenisches Wertesystem motiviert, das die für die europäischen Säkularisierungswege so charakteristischen religiös/konfessionellen, klerikal/antiklerikalen oder religiös/säkularistischen Gegensätze zu überbrücken versucht. Auf den verschiedenen nationalen Ebenen werden allerdings zugleich die jeweiligen rechtlichen, kulturellen und religiösen Traditionen durch den kulturellen Integrationsrahmen der EU im Wesentlichen respektiert. Entsprechend gibt es einen weiten rechtlich-institutionellen Spielraum für die nationalen Formen kultureller Integration und religiöse Gouvernanz, d.h. für die jeweilig eingespielten Beziehungsverhältnisse zwischen Staat und Kirche(n), zwischen Kirche(n) und anderen religiösen Gemeinschaften sowie zwischen den religiösen und säkularen Sphären (Koenig 2006).

Die institutionellen und kulturellen Grundlagen des europäischen kulturellen Integrationsmodells basieren ursprünglich auf den konvergierenden Trends in den Staats-Kirche(n)- Beziehungen im Kontext der unterschiedlichen Religionsstrukturen und Säkularisierungsprozesse in den westeuropäischen Mitgliedstaaten der europäischen Gemeinschaft. In institutioneller Hinsicht gibt es dabei vor allem drei Typen der Staats-Kirche(n)- Beziehungen: (i) der strikten Trennung zwischen Staat und Kirche; (ii) der engen Kooperation zwischen beiden; und (iii) der mehr oder weniger starken Bewahrung einer Staatskirche (Robbers 2003). Diese drei institutionellen Arrangement in der Gegenwart sind eingebettet in historisch sich deutlich unterscheidende Säkularisierungsmuster (Martin 1978, 2005, Spohn 2003b): (i) Die Tendenz zu einer strikten Trennung zwischen Staat und Kirche ist mit Variationen vor allem für katholische Länder wie Frankreich, Spanien, Portugal oder Italien mit einer starken antiklerikal-säkularistischen Gegenbewegung gegen die traditionell sehr enge Bindung zwischen dem *ancien régime* und der katholischen Kirche kennzeichnend. (ii) Die kooperative Tendenz ist vor allem für protestantisch-katholisch gemischte Länder wie Deutschland, die Niederlande oder die Schweiz charakteristisch, in denen die Konflikte zwischen Protestantismus und Katholizismus wie auch zwischen Klerikalismus und Antiklerikalismus schließlich in einer korporativen Kooperation mit dem Staat resultierten. Und (iii) staatskirchliche Traditionen blieben erhalten in protestantischen Ländern wie in Großbritannien und Skandinavien, dabei allerdings eingeschränkt durch unterschiedliche Grade von protestantischem Pluralismus und staatskirchlicher Disetablierung. Trotz dieser historisch deutlich unterschiedenen Pfade und

Traditionen der Religionsentwicklung, Säkularisierung und Staat-Kirche(n)-Beziehungen, zeigen sich doch deutliche institutionelle Konvergenzen durch kulturelle Säkularisierung, die abnehmende Bedeutung von Kirche und Religion, die Überwindung der klerikal/antiklerikalen und religiös/säkularistischen Konflikte sowie ein ökumenisches *rapprochement* zwischen den verschiedenen Religionen, ihrer staatlichen Loyalität sowie umgekehrt der staatlichen Unterstützung von Kirchen und religiösen Gemeinschaften. Diese konvergierenden Tendenzen übersetzen sich auch in die Definition des Modells kultureller Integration und religiöser Gouvernanz auf der Ebene der europäischen Rechtsordnung.

Das europäische Dach kultureller Integration und religiöser Gouvernanz erweist allerdings seine westeuropäisch römisch-christliche und säkular-humanistische Provenienz, wenn es nun im Rahmen der Osterweiterung der Europäischen Union mit unterschiedlichen und divergenten Religionsformen und Säkularisierungsmustern sowie ihren Folgewirkungen auf kollektive Identitäten in den neuen östlichen Mitgliedstaaten und Beitrittskandidaten konfrontiert ist (Pollack 1998, Spohn 1998, 2003). Insbesondere handelt es sich dabei um den ostmitteleuropäischen Katholizismus, die südosteuropäische christliche Orthodoxie, sowie den nahöstlichen Islam. Alle durch diese Religionsformen charakterisierten Länder kennzeichnen trotz aller Unterschiede im Einzelnen einen begrenzten Säkularisierungsgrad, eine deutliche Wiederkehr von Religion sowie ein enges Band von Religion und nationaler Identität. Im ostmitteleuropäischen Katholizismus – der spektakulärste Fall ist Polen (Spohn 2003a) – gibt es wohl eine institutionelle Trennung zwischen Staat und Kirche, doch zugleich ist vor dem Hintergrund einer engen organischen Beziehung zum Nationalismus ein großer Einfluss der katholischen Kirche auf nationale Politik und nationale Identität charakteristisch, und wird ihr eine deutlich privilegierte gesellschaftliche Rolle gegen andere Religionsformen und Weltanschauungen eingeräumt. Auch in den südosteuropäischen christlich-orthodoxen Ländern gab es historisch ein eher noch engeres caesaro-papistisches Verhältnis zwischen Staat und Kirche; entwickelte sich ebenfalls vor dem Hintergrund ihrer historisch peripheren Position gegenüber den westlichen wie östlichen Imperien eine deutliche organische Verbindung mit dem peripheren Nationalismus; und zeigt sich dies gegenwärtig in einer deutlichen Privilegierung der christlichen Orthodoxie gegenüber anderen Religionsformen und Weltanschauungen. Und schließlich war wohl in der Türkei als dem wichtigsten nicht-christlichen islamischen Beitrittskandidat der Islam durch die kemalistische Revolution als traditionelles religiös-rechtliches Zentrum des Osmanischen Reichs disetabliert worden und wurde stattdessen nach dem Modell der Französischen Revolution ein laizistischen Staat mit regulierender Kontrolle des privatisierten Islam errichtet, doch ist dieser Staatssäkularismus infolge der sich vertiefenden Demokratisierung der türkischen Gesellschaft nun zunehmend mit einer wachsenden Mobilisierung islamischer sozialer Bewegungen und politischer Parteien konfrontiert (Yuvaz 2004, Zürcher 2004).

Im Ergebnis wird somit das europäische Mehrebenen-Modell kultureller Integration im Kontext des wiederhergestellten strukturellen und kulturellen Pluralismus der europäischen Zivilisation und der östlichen Erweiterung des europäischen Integrationsprojekts durch eine zentrale religiöse und kulturelle Asymmetrie herausgefordert. Das ursprünglich westeuropäische kulturelle Integrationsmodell auf der Grundlage des lateinischen Christentums und hochsäkularisierten Gesellschaften steht in einem ausgesprochenen Konflikt zu den stärker religiösen und weniger säkularisierten osteuropäischen Gesellschaften und ihren jeweilig nationalen Formen kultureller Integration und religiöser Gouvernanz. Die Osterweiterungspolitik der Europäischen Union hat in einem gewissen Ausmaß erfolgreich die westeuropäischen Standards religiöser Freiheit, Staatsneutralität und religiös/säkulare Gleichheit auch den neuen Mitgliedstaaten aufgezwungen. Ebenso hat die privilegierte Rolle der jeweiligen christlichen Kirchen in den meisten postkommunistischen Ländern teilweise eine neue kulturelle Säkularisierungsbewegung – so etwa in Polen – ausgelöst (Pollack 2003). Beide Tendenzen scheinen ein Zeichen für eine konvergierende Entwicklung in Richtung auf das europäische Modell kultureller Integration und religiöser Gouvernanz zu sein. Allerdings erlaubt das Mehrebenenmodell europäischer Integration zugleich die Fortsetzung und Bewahrung traditioneller nationaler Formen kultureller und religiöser Integration bzw. Segregation und Diskriminierung, die nun umgekehrt einen limitierenden Effekt auf das römisch-christliche und humanistisch-säkulare kulturelle Integrationsmodell der Europäischen Union hat. Und dazuhin könnte dieser Einfluss der neuen katholischen wie orthodoxen Beitrittsländer in den Beitrittsverhandlungen mit der Türkei die humanistisch-säkularen Brücken zu dem laizistischen staatlichen Regime schwächen und zugleich den europäisch christlichen Kern gegenüber den Tendenzen islamischer Mobilisierung und Pluralisierung in eine stärkere Konfliktlage bringen.

3. Europäisierung, ethnische Minderheiten und religiöse Vielfalt

Ein zweiter Hauptfaktor für die wachsende Bedeutung von Religion für den europäischen Integrationsprozess stellt die Veränderung des strukturellen und kulturellen Pluralismus der europäischen Zivilisation durch den wachsenden Einfluss der internationalen Migration und Immigration auf die europäischen Gesellschaften dar (Spohn/Triandafyllidou 2002). Infolgedessen ist das Gewicht ethnischer Minderheiten mit verschiedenen religiösen und zivilisatorischen Hintergründen stark gewachsen, trägt zu einer deutlichen Transformation der ethnischen Zusammensetzung europäischer Gesellschaften bei und verändert damit auch die Landschaft europäischer Religion. Von besonderer Bedeutung ist hier der wachsende Anteil von Muslimen aus islamischen Ländern – die Gesamtzahl in Europa beträgt derzeit mehr als 15 Millionen (Esposito/Burgat 2004, Madood/Werbner 2001, Shadid/Koningsveld 2001, Tibi 2002), aber auch Mitglieder anderer Weltreligionen wie Buddhismus und Hinduismus sowie die wachsende Zahl von Anhängern des evangelikalen Protestantismus wie der neuen Religionen (Koslowski 2000, Madelely/Zsolt 2001, Shadid/Koningsveld 2001, Spohn/Triandafyllidou 2003). Bis zum europäischen Umbruch 1989/91 war die Einwanderungsbewegung in einer Parallele zu den europäischen Zentrum/Peripherie-Relationen hauptsächlich ein Phänomen der west- und nordeuropäischen Gesellschaften. Doch danach machte die wachsende Immigration auch in süd- und ostmitteleuropäischen Ländern die ethnische und religiöse Diversifizierung zu einer gesamteuropäischen Tendenz. Infolgedessen sind auch die Formen kultureller Integration und religiöser Gouvernanz sowohl auf der nationalen als auch der europäischen Ebene mit sich zunehmend veränderten religiösen Bedingungen konfrontiert. Die Formen kultureller Integration nicht-christlicher Religionen in europäischen Gesellschaften sind eng verknüpft mit zwei sozialen Institutionen auf der nationalen Ebene: den Regimes religiöser Gouvernanz und den rechtlichen Formen von Staatsbürgerschaft für (Im)Migranten. Durch den Prozess der Europäisierung werden diese beiden nationalen Rahmeninstitutionen zugleich zunehmend beeinflusst durch die auf der europäischen Ebene entstehenden Formen europäischer religiöser Gouvernanz, europäischer Immigrationspolitik sowie europäischer Bürgerrechte (Koenig 2006). Zunächst einmal hinsichtlich der nationalen Regimes religiöser Gouvernanz – wie angedeutet primär ein Produkt der Notwendigkeit, die religiös-säkularistischen Spaltungen und Konflikte zwischen den jeweils herrschenden Religionsformen und dem säkularen Nationalstaat zu regulieren (Koenig 2004) – sind diese nun zunehmend mit der Herausforderung religiöser Diversifizierung konfrontiert. Die allgemeine institutionelle Tendenz auf den nationalen Ebenen ist hier, die anderen Religionsformen in die rechtlich-moralischen Grundprinzipien der der religiösen Freiheit, der religiösen Toleranz, der Staatsneutralität und der rechtlichen Gleichstellung zu integrieren. Diese institutionell-rechtliche Tendenz auf den nationalen Ebenen wird auch durch das kulturelle Integrationsmodell auf der europäischen Ebene unterstützt. Zugleich ist jedoch die gleichberechtigte Anerkennung nicht-christlicher Religionen in den europäisch christlich dominierten Gesellschaften in der Praxis nach wie vor deutlich eingeschränkt (Shadid/Koenigsveld 2002). Und gegen diese faktischen Diskriminierungen auf nationaler Ebene wird von europäischer Seite aus im Rahmen des europäischen Mehrebenensystems auf der Grundlage des Subsidiaritätsprinzips nur in Ausnahmefällen interveniert.

Zum andern sind die Formen kultureller Integration nichtchristlicher Religionen vor allem mit den verschiedenen nationalen Inkorporationsweisen von Immigranten und entsprechenden Staatsbürgerrechten für ethnische Minderheiten verknüpft und weniger mit den nur in Umrissen sichtbaren Formen europäischer Unionsrechte für Immigranten

(Koenig 2006). Auf den verschiedenen nationalen Ebenen sind gegenwärtig, wenn auch im Rahmen einer deutlichen Ungleichzeitigkeit zwischen West- und Osteuropa, zwei allgemeine Tendenzen sichtbar. Einerseits hat sich eine Einwanderungspolitik entwickelt, die versucht, die Gesamtzahl von Immigranten so weit wie möglich zu begrenzen und zugleich die vorhandenen ethnischen Minderheiten in die existierenden Institutionen der zivilen, politischen und sozialen Bürgerrechte zu integrieren. Dieses sogenannte Marshall'sche Bürgerrechtsmodell abstrahiert freilich von den verschiedenen kulturellen und religiösen Traditionen und Lebenswelten der Immigrationsminderheiten und diese Abstraktion gründet im Kern auf einer säkularen Konzeption von Integration (Kymlicka 1995). Andererseits führt die wachsende Präsenz und öffentliche Artikulation von Minderheitsreligionen, insbesondere des Islam, zu einer wachsende Herausforderung für dieses säkular-kulturelle Integrationsmodell hinsichtlich des rechtlichen Status von Minderheitsreligionen dar. Die allgemeine Tendenz ist dabei, den Minderheitsreligionen dieselben Rechte wie für die Mehrheitsreligion(en) zu verleihen aber damit auch die vorherrschenden institutionellen Beziehungen zwischen Nationalstaat und Mehrheitskirche(n) zu oktroyieren – ein guter Indikator hierfür sind etwa die unterschiedlichen politisch-rechtlichen Umgangsweisen mit dem Kopftuch muslimischer Frauen. Die nur in vagen Umrissen entstehenden Komponenten europäischer Bürgerrechte (Eder/Giesen 2002, Soysal 1994) fußen auf diesen konvergierenden Tendenzen nationaler Regime von Bürgerrechten und kultureller Integration, ohne dabei in nationale Einwanderungs- und Integrationspolitiken zu intervenieren. Innerhalb dieser Grenzen versucht allerdings die europäische Bürgerrechtspolitik ethnische Minderheitsrechte gegen partikularistische nationale Traditionen der Mitgliedstaaten zu stärken und damit auch die kulturellen und religiösen Rechte der ethnischen Minderheiten gegen die dominanten säkular-religiösen nationalstaatlichen Regimes.

Im Rahmen der sich erweiternden Europäischen Union nach Osten ist offenkundig, dass das europäische Mehrebenenmodell kultureller Integration insbesondere hinsichtlich der Integration von religiösen Minderheiten vor zentralen Herausforderungen steht, und zwar nicht nur in den alten westeuropäischen Mitgliedstaaten, sondern noch mehr in den neuen ostmittel- und südosteuropäischen Mitgliedstaaten und Beitrittskandidaten und ihren andersartigen Formen religiöser Gouvernanz und Bürgerrechtsinstitutionen (Kymlicka/Opalski 2001). In Westeuropa als der ursprünglichen Grundlage des europäischen kulturellen Integrationsmodells können drei Haupttypen nationaler Bürgerrechtsregime im Verbund mit dem vorherrschenden Typus von Religion und religiöser Gouvernanz unterschieden werden (Koenig 2004). Protestantische Länder mit unterschiedlichen Graden an staatskirchlicher Etablierung und religiösem Pluralismus favorisieren unterschiedliche Formen multikultureller Bürgerrechte – so Großbritannien und die skandinavischen Länder. Katholische Länder mit unterschiedlichen Graden an Separierung zwischen Staat und Kirche aber zugleich mit einer privilegierten Position der katholischen Mehrheitskirche neigen zu einer hierarchischen Unterordnung anderer Religionen – so in den meisten romanisch-lateinischen Ländern. Die meisten konfessionell gemischten Länder mit einem Dualismus von protestantischer und katholischer Kirche kennzeichnet eine korporatistisch-hierarchische Integration anderer Religionen – so in den Niederlanden, der Schweiz und Deutschland. In all diesen westeuropäischen Fällen existieren weiterhin Spannungen und Konflikte zwischen dem europäischen Modell kultureller Integration und religiöser Gouvernanz und den weitverbreitet hierarchischen Beziehungen zwischen Mehrheits- und Minderheitsreligionen in den verschiedenen Nationalstaaten.

Im Gegensatz zu Westeuropa sind die osteuropäischen Regime von Bürgerrechten und religiöser Gouvernanz in Osteuropa immer noch geprägt von der langen historischen peripheren Abhängigkeit und dem dadurch vorherrschenden organischen religiösen Nationalismus. Das weitverbreitete historische Erbe besteht in der intimen Verbindung zwischen der Mehrheitsreligion und Mehrheitsnation und der dadurch bedingten Diskriminierung historischer: ethnischer und religiöser Minderheiten (Spohn 1998, 2003b). Auf dieser historischen Grundlage wird auch die rasch wachsende Einwanderung von ethnischen Minderheiten mit weitverbreiteter Furcht vor nationaler Desintegration und religiöser Entfremdung begegnet. Entsprechend waren und sind die Spannungen und Konflikte mit dem durch die Osterweiterung exportierten westeuropäischen Modell ausgesprochen hoch. Einerseits versuchte die Europäische Union mittels der Beitrittsverhandlungen die traditionellen ethnischen Konfliktlinien zu schwächen und die Institutionalisierung von Bürgerrechten für die herkömmlich-historischen wie wachsenden Immigrationsminderheiten zu stärken. Andererseits akzeptierte sie, wenn auch mit Unbehagen, die nationalen Regime von Bürgerrechten und Staat-Kirche(n)-Beziehungen. Vier Haupttypen können hier unterschieden werden (vgl. Kymlicka/Opalski 2001): Die wenigen protestantisch baltischen Länder wurden gedrängt, die russischen und gleichzeitig orthodoxen, allerdings vormals imperialen, ethnischen Minderheiten zu integrieren. Die zahlreichen katholischen Länder folgen, obwohl langsam und zögerlich, einer weniger diskriminierenden Behandlung ethnischer und religiöser Minderheiten. Die wenigen orthodoxen Länder mit stärkeren Banden zwischen Staat, Mehrheitsnation und Mehrheitsreligion sind noch zögerlicher. Und in der Türkei geht das säkulare Regime mit staatlicher Regulierung einer mehrheitlich-islamischen Gesellschaft einher mit der Diskriminierung von ethnisch-religiösen Minderheiten durch den Mehrheitsnationalismus sowie der bevorzugten Behandlung des Mehrheitsislam gegenüber anderen, insbesondere christlichen Minderheitsreligionen. In allen vier Fällen besteht so eine markante Asymmetrie zu dem (west)europäischen Modell kultureller Integration.

4. Europäische Erweiterung, Religion und Zivilisationsgrenzen

Der dritte Hauptgrund für die wachsende Bedeutung von Religion für den europäischen Integrationsprozess bildet der gegenwärtige Wandel des strukturellen und kulturellen Pluralismus der europäischen Zivilisation durch die Osterweiterung der Europäischen Union (Mair/Zielonka 2002, Zielonka 2001). Die Osterweiterung entwickelte sich nach dem Zusammenbruch des Kommunismus mit dem Ziel, das gesamte Europa durch die Inkorporation der osteuropäischen postkommunistischen Länder wiederherzustellen und damit die territorial-politische Gestalt der Europäischen Union zum Abschluss zu bringen. Zugleich verbanden sich damit aber auch kontroverse Grundfragen über die Definition Europas, der europäischen Identität wie der Grenzziehung Europas. Diese kontroversen Grundfragen drehen sich im Kern um das Beziehungsverhältnis von europäischer Zivilisation und europäischem Integrationsprojekt. So ist es auf der einen Seite auf der Grundlage der historischen, institutionellen und kulturellen Grundlagen Europas möglich, einen geographisch umschriebenen europäischen Kulturraum zu definieren, der zugleich die Grenzen eines politisch legitimen europäischen Integrationsrahmens umreißt (Jordan 1988). Auf der anderen Seite hängt es von den gegenwärtigen geopolitischen Machtbeziehungen zwischen den Mitgliedstaaten der Europäischen Union, den Nicht-Mitgliedstaaten und den Staaten der angrenzenden Zivilisationen ab, ob und in welchem Ausmaß eine Kongruenz zwischen der europäischen Zivilisation als eines geographischen Kulturraums und der europäischen Integration als einer transnationalen Rahmenordnung erreicht werden kann. So zählt etwa Russland, obwohl es partiell dem kulturell definierten „europäischen Haus" angehört nicht als potentielles Mitglied der Europäischen Union, da es den imperialen Kern einer eigenständigen Eurasischen Zivilisation bildet, während die Türkei, obwohl es zu einer nicht-europäischen Zivilisation zählt, zumindest im Prinzip auf den Grundlagen ihrer europäisch-säkularen Selbstdefinition als ein legitimes zukünftiges Mitglied angesehen wird. In anderen Worten, die Erweiterung der Europäisierung hängt auf der Grundlage der historischen und kulturellen Basis der europäischen Zivilisation von den gegenwärtigen zivilisatorischen Selbstdefinitionen wie auch den intra- und inter-zivilisatorischen Grenzziehungen ab (Delanty 2005).

In diesem zivilisatorischen und inter-zivilisatorischen Kontext und Horizont erfolgte die aktuelle Osterweiterung der Europäischen Union in Form zunächst von acht ostmitteleuropäischen und zwei südeuropäischen Ländern, dann von zwei weiteren südosteuropäischen Ländern, Rumänien und Bulgarien und möglicherweise nach und nach der Balkanstaaten (Beichelt 2004). Demgegenüber ist die Inkorporation der Türkei seit der Ablehnung des europäischen Verfassungsvertrags durch zwei Kernmitgliedstaaten – trotz der Eröffnung der Beitrittsverhandlungen – zunehmend umstritten. Die sich öffnende Alternative ist der Status einer „privilegierten Nachbarschaft", der besondere Präferenzen einschließt, aber keine volle Mitgliedschaft mit entsprechenden Rechten und Pflichten. Dieser assoziierte Nachbarschaftsstatus zeichnet sich für europäische Nichtmitgliedstaaten wie die Ukraine und einige kaukasische Länder ab, aber er kann eines Tages auch auf die Türkei zutreffen, falls die Beitrittsverhandlungen scheitern sollten (Verheugen 2005). Vor dem Hintergrund des gegenwärtigen geopolitischen Szenarios ist es wahrscheinlich, dass die Ost- und Südosterweiterung der Europäischen Union nur Teile und nicht das Gesamt der europäischen Zivilisation umfassen wird.

Die Gründe für diese engere Definition eines erweiterten Europas sind politisch-ökonomisch und rechtlich-administrativ und gleichermaßen kulturell wie religiös. Die Europäische Union und ihre Repräsentanten haben in der Verhandlung und Durchführung der Osterweiterung auf der Grundlage der Kopenhagener Kriterien vor allem politische, rechtliche, ökonomische und administrative Kriterien für die Akzeptanz der EU-Mitgliedschaft zugrundegelegt. Im Kern hing der Beitritt ab von der vierfachen Garantie einer stabilen demokratischen Regimeform unter Einschluss des Minderheitenschutzes, einer funktionsfähigen Marktwirtschaft, einer administrativen Implementationskapazität sowie der Fähigkeit, die durch den *aquis communitaire* auferlegten Pflichtenkatalog zu erfüllen. Umgekehrt verlangt die Osterweiterung die Anpassung der EU-Institutionen an eine beträchtlich ausgeweitete Anzahl von Mitgliedstaaten – eine Konsequenz, die bisher angesichts des Widerstands einiger Mitgliedstaaten nicht umgesetzt werden konnte, aber möglicherweise in veränderter Form doch noch ratifiziert werden wird. Alle diese Kriterien sind *prima facie* säkulare Kriterien, doch unterliegen ihnen, wie ich zu zeigen versuchte, ebenso kulturelle wie religiöse Kriterien der Definition Europas, seiner Grenzen und den daraus erwachsenden Legitimitätsgrundlagen für eine Mitgliedschaft. So kann man nicht übersehen, dass die bisher vollzogene Osterweiterung hauptsächlich ostmitteleuropäische Länder innerhalb der lateinisch-christlichen Sphäre umfasst, darüber hinaus zusätzlich zu Griechenland einige wenige christlich-orthodoxe Länder einschließt, während die Inkorporation weiterer orthodoxer Länder wie auch der islamischen Türkei zunehmend umstritten ist (Byrnes 2001, Byrnes/Katzenstein 2004, Siedentop 2000, Verheugen 2005). Dies offenbart, dass die historische Kerndefinition Europas als eine lateinischchristliche Zivilisation sehr wohl ausschlaggebend ist; dass ihre Beziehung zum griechisch-orthodoxen Christentum immer noch problematisch ist; und dass die gegensätzlich-konflikthafte Beziehung zur islamischen Zivilisation eine neue Wirksamkeit entfaltet.

Es sind vor allem drei intra- und inter-zivilisatorische Bruchlinien, die in der Erweiterung des transnationalen europäischen Regimes und seines kulturellen Integrationsrahmens nach Osten im Kontext der gegenwärtig sich intensivierenden Globalisierungsprozesse am Werk sind:

Erstens verlieren unter dem wachsenden Druck, eine europäische Identität nicht nur in einer säkularen, sondern auch in einer kulturellen Bedeutung zu definieren und durch ein europäisches kulturelles Integrationsmodell institutionell zu untermauern, vor allem zwei religiöskulturelle Bruchlinien innerhalb des westlich-lateinischen Christentums an Gewicht. Zum einen wird die Tendenz, die konfessionelle Trennung zwischen Katholizismus und Protestantismus zu überbrücken, stärker. Auf beiden Seiten verstärken sich die Bemühungen sowohl auf der nationalen wie transnationalen Ebene, die traditionellen theologischen, symbolischen und rituellen Trennungslinien zu überschreiten oder zu relativieren. Zum andern verlieren sich zunehmend auch die traditionell scharfen Gegensätze zwischen Klerikalismus und Antiklerikalismus, Religion und säkularer Aufklärung oder Glauben und Rationalität. Im Rahmen der Osterweiterung der Europäischen Union haben diese westeuropäischen Formen der ökumenischen Annäherung zwischen beiden Konfessionen sowie zwischen Religion und Säkularität auch einen Einfluss auf die ostmitteleuropäischen, stärker traditionalistischen Formen von Katholizismus und Protestantismus sowie ihrer Frontstellung gegenüber postkommunistischen Formen der Säkularität.

Zweitens ist jedoch eine parallele Überbrückung der Bruchlinien zwischen westlichem und östlichem Christentum im Rahmen der Osterweiterung deutlich ambivalenter. Die traditionellen und durch die Aufklärung verstärkten Überlegenheitsgefühle des westlichen Christentums machen sich nach wie vor bemerkbar. In der Neuzeit wurde das orthodoxe Christentum nicht nur als abweichend-inferiore, sondern auch als eine weniger aufgeklärter und stärker autoritär orientierte Form des christlichen Glaubens angesehen (Neumann 1998, Wolf 1994, 2001). Diese Vorstellung erneuerte sich während der kommunistischen Periode im Angesicht der weitverbreiteten Arrangements zwischen den kommunistisch-ideokratischen Regimes und den orthodoxen Kirchen im Unterschied zu dem namentlich katholischen Widerstand gegen die sowjetkommunistische Herrschaft. In der postkommunistischen Gegenwart wird nun Osteuropa als ein weitgehend säkularisierter Raum wahrgenommen, verbunden mit dem Auftrag einer katholischen wie protestantischen Rechristianisierung. Umgekehrt versuchen die wieder selbständigen orthodoxen Kirchen, sich nun erneut, wenn auch nur teilweise erfolgreich, in der caesaro-papistischen Tradition als Staatskirchen zu reetablieren und die missionarischen Bemühungen der katholischen wie protestantischen Evangelisierung gesetzlich zu unterbinden. Entsprechend wird deshalb die europäische Osterweiterung auch häufig als imperialistische Expansion des westlichen Christentums wie auch des materialistischen Säkularismus wahrgenommen. Zugleich gibt es allerdings auch im Einklang mit der Erweiterung des westeuropäischen kulturellen Integrationsmodells gegenläufige Bestrebungen, die traditionellen Gegensätze zwischen westlichem Christentum, dem postkommunistischen Säkularismus und der Wiederbelebung der christlichen Orthodoxie in ein stärker kooperativen Wegen zu überbrücken.

Drittens besteht der kombinierte Effekt sowohl des ökumenischen *rapprochements* zwischen Katholizismus und Protestantismus als auch der ambivalenten Annäherung von westlichem und östlichem Christentum darin, die interzivilisatorische Bruchlinie zwischen Christentum und Islam zu vertiefen und damit den Widerstand gegen die Aufnahme der Türkei in die Europäische Union zu verstärken (Yulvaz 2004, Zürcher/Linden 2004). So führen einerseits die kooperativ-ökumenischen Beziehungen zwischen den westlich-christlichen Kirchen und dem säkularen Staat sowie die Konflikte mit dem politischen Islam und den Ansprüchen der muslimischen Einwanderer zu zunehmend negativen Einstellungen gegenüber dem Beitritt der Türkei. Andererseits führt auch die Revitalisierung des östlichen Christentums und dessen Einwirkung auf die sich verstärkenden Formen eines religiösen Nationalismus in den postkommunistischen Ländern Ost- und Südosteuropas zur Reartikulierung traditionell anti-islamischer und anti-türkischer Haltungen. Umgekehrt zeigt sich auch in der Türkei eine Abschwächung der durch die säkularistischen wie religiös-reformerischen Strömungen unterstützten positiven Einstellungen gegenüber einem EU-Beitritts und ihre zunehmende Herausforderung durch nationalistische, islamische und islamistische Strömungen, Bewegungen und Organisationen.

Fazit

Wie ich in Umrissen zu zeigen versuchte, gibt es drei miteinander verknüpfte Dimensionen und Faktoren, in denen die Revitalisierung und Politisierung von Religion in der gegenwärtigen Globalisierungsphase die institutionalisierte europäische Form der kulturellen Integration und religiösen Gouvernanz im Rahmen der Osterweiterung der Europäischen Union in Frage stellt. So beinhaltet, erstens, die Osterweiterung der Europäischen Union mit ihrer Überbrückung der Ost-West-Teilung Europas eine Konfrontation mit unterschiedlichen Typen von Religion und Säkularisierung, unterschiedlichen nationalen Staats-Kirche(n)-Beziehungen, Formen religiöser Gouvernanz sowie kultureller Integration und den dadurch beeinflussten Formen kollektiven Identitäten und politischen Kulturen. So transformieren sich, zweitens, die europäischen Gesellschaften durch das wachsende Gewicht von Immigranten mit ihren religiösen Traditionen und Identitäten, insbesondere wenn auch nicht ausschließlich aus islamischen Ländern, in stärker multi-kulturelle und pluri-religiöse Gesellschaften. So intensivieren auch, drittens, die Prozesse der Globalisierung in ihren ökonomischen, politischen und kulturellen Formen die Interaktionen zwischen Zivilisationen und Religionen, konturieren dadurch stärker die intra- und interzivilisatorischen Grenzziehungen innerhalb und über Europa hinaus und verschärfen so die Konfliktdynamik der sich nach Osten und Südosten erweiternden Europäisierung.

Auf einem Kontinuum europäisch kultureller Integration zwischen einer mehr inklusiven und einer mehr exklusiven politischen Strategie lassen sich zwei grundsätzliche Weisen angeben, um auf diese dreifache Herausforderung zu reagieren. Auf der einen Seite steht eine stärker exklusive Strategie der Verallgemeinerung des Modell kulturellsäkularer Integration. Hier zentriert sich die Form europäisch-kultureller Integration auf den überkommenen säkular-humanistischen Kern durch Begrenzung der religiöser Diversität Europas sowohl gegenüber Immigranten wie dem Beitritt der Türkei. Diese Strategie kann sich weiter verengen durch eine stärkere Betonung des westlich-christlichen Kerns der europäischen Integration und dessen ökumenische Ausweitung auf östlich-christliche Länder. Auf der anderen Seite würde eine mehr inklusive Strategie versuchen, die multi-religiösen und trans-zivilisatorischen und ökumenischen Grundlagen der europäischen Form kultureller Integration zu stärken. Hier würde eine bewusste Anstrengung unternommen, Formen multikultureller Staatsbürgerschaft im Verbund mit einem religiösen Pluralismus zu ermutigen und als Parallelschritt, die Türkei als eine zentrale multi-religiöse und multi-kulturelle Säule einer europäischen kulturellen Integration und Identität in das Projekt europäischer Integration hineinzunehmen.

Der erste mehr exklusive Weg ist gegenwärtig die Haupttendenz. Allerdings wird er seine Kosten haben: eine andauernde relative Exklusion muslimischer Immigranten in europäischen Gesellschaften und ihre wachsende Tendenz zu einer fundamentalistischen Reaktion und Mobilisierung. Die zweite Option erscheint demgegenüber eher utopisch und unrealistisch oder auch gefährlich-romantisch – Hans-Ulrich Wehler würde mich wahrscheinlich mit vernichtender Polemik als Gutmenschen abtun (Wehler 2000). Nichtsdestotrotz: selbst wenn die gegenwärtige Realpolitik der Europäischen Union und eventuell auch die der Türkei den zukünftigen Status der Türkei auf eine privilegierte Partnerschaft reduzieren würde, so würde doch eine mehr inklusive Strategie eine mehr pluralistische Integration der muslimischen Bevölkerungsgruppen innerhalb der europäischen Gesellschaften verstärken und zugleich zu einer größeren Toleranz und Pluralisierung innerhalb der türkischen Politik und Gesellschaft beitragen – sowohl hinsichtlich ihrer ethnischen und religiösen Minderheiten als auch der möglichen Rückwirkungen auf die religiösen und politischen Konfliktzonen im Nahen Osten und in Nordafrika. Eine solche kosmopolitische Perspektive auf Europa und die europäische Integration kann allerdings nicht alleine in einem säkularen

Fazit

Rahmen formuliert werden – wie es etwa auch Ulrich Beck und Edgar Grande (2004, vgl. Meyer 2004) tun –, sondern müsste einen ökumenischen: säkularen wie religiösen Pluralismus entwickeln[28].

---

[28] Bei Siedentop (2001) finden sich hierzu wie auch insbesondere zum europäischen Föderalismus im Vergleich zu den USA einige weiterführende Überlegungen.

Literatur

Al-Azmeh, Aziz/Effie Fokas (eds.)(2007), *Islam in Europe. Diversity, Identity and Influence*, Cambridge, UK: Cambridge UP
Ali, Tariq (2002): *The Clash of Fundamentalisms. Crusades, Jihads and Modernity*. London: Verso.
Arjomand, Said (ed.) (1993): *The Political Dimension of Religion*. Albany, NY: State University of New York Press.
Arjomand, Said (2001): Democratization and the Constitutional Politics of Iran since 1997, in: *Polish Sociological Review* 136 (4): 349-63.
Arjomand, Said (2003): Thinking Sociologically About Islam, in: Mark Juergensmeyer (ed.): 28-39.
Arjomand, Said/Edward Tiryakian (eds.) (2004): *Rethinking Civilizational Analysis*. London: Sage.
Asad, Talal (2003): *Formations of the Secular. Christianity, Islam, Modernity*. Stanford, CA: Stanford UP.
Axtmann, Roland (ed.) (1999): *Globalization and Europe. Theoretical and Empirical Investigations*. London: Pinter.
Bach, Maurizio (Hg.) (2000): *Europäisierung nationaler Gesellschaften*, Sonderheft 40, *Kölner Zeitschrift für Soziologie und Sozialpsychologie*. Opladen: Westdeutscher Verlag.
Bazdogan, Serif/Resat Kasaba (eds.) (1997): *Rethinking Modernity and National Identity in Turkey*. Seattle: University of Washington Press.
Beck Ulrich/Edgar Grande (2004): *Das kosmopolitische Europa*. Frankfurt/M.: Suhrkamp.
Beichelt, Timm (2004): *Die Europäische Union nach der Osterweiterung*. Wiesbaden: Verlag für Sozialwissenschaften.
Beichelt, Timm, Bozena Choluj, Gerard Rowe, Hans-Jürgen Wagener (2006): *Europa-Studien. Eine Einführung*. Wiesbaden: Verlag für Sozialwissenschaften.
Bellah, Robert (1975): *The Broken Covenant. American Civil Religion in a Time of Trial*. New York: Seabury Press.
Bellah, Robert/Philip Hammond (eds.) (1981): *Varieties of Civil Religion*. San Francisco:Harper&Row.
Berger, Johannes (1996): Was behauptet die Modernisierungstheorie und was wird ihr nur unterstellt? in: *Leviathan. Zeitschrift für Sozialwissenschaft* 24: 45-62.
Berger, Johannes (2006): Die Einheit der Moderne, in: Thomas Schwinn (Hg.), *Vielfalt und Einheit der Moderne*: 201-226.

Berger, Peter (ed.) (1999): *The Desecularization of the World. Resurgent Religion and World Politics.* Washington, DC: Ethics and Public Policy Center.
Beyer, Peter (1992): *Religion and Globalization.* London: Sage.
Beyer, Peter (2001): *Religion im Prozess der Globalisierung.* Würzburg: Econ.
Bielefeldt, Heiner/Wolfgang Heitmeyer (Hg.) (1998): *Politisierte Religion.* Frankfurt/M.: Suhrkamp.
Boli, Thomas/Frank Lechner (eds.) (2002): *The Globalization Reader.* Oxford: Blackwell.
Boli,Thomas/Frank Lechner (2005): *World Culture. Origins and Consequences.* Oxford: Blackwell.
Booth, Ken/Tim Dunne (eds.) (2002): *Worlds in Collision. Terror and the future of the world order.* New York: Palgrave.
Bruce, Steve (ed.) (1992): *Religion and Modernization. Sociologists and Historians Debate the Secularizatio.* Thesis, Oxford: Clarendon Press.
Bruce, Steve (1996): *Religion in the Modern World.* Oxford: Oxford UP.
Byrnes, Timothy (2001): *Transnational Catholicism in Postcommunist Europe.* Lanham: Rowman &Littlefield.
Byrnes, Timothy/Peter Katzenstein (eds.) (2004): *Religion in an Expanding Europe.* Cambridge, MA: Cambridge UP.
Casanova, José (1994): *Public Religion in the Modern World.* Chicago: Chicago UP.
Casanova, José (2004): Religion, European secular identities, and European integration, in: Byrnes and Katzenstein (eds.): 65-92.
Centeno, Miguel/Juan Alves-Lopez (eds.) (2003): *Grand Theory in the Lens of Latin America.* Princeton, NJ: Princeton UP.
Charrad, Mounira (2004): *States and Women's Rights. The Making of Postcolonial Tunisia, Algeria and Morocco.* Berkeley, CA: University of California Press.
Conrad, Sebastian/Shalini Randeria (Hg.) (2002): *Jenseits des Eurozentrismus.* Frankfurt/M.: Campus.
Davie, Grace/Daniele Hervieu-Léger (eds.) (1996): *Les Identités Religieuses in Europe.* Paris: Découverte.
Davie, Grace (2000): *Religion in Modern Europe.* Oxford: Oxford UP.
Delanty, Gerard (1995): *The Invention of Europe.* London: Routledge.
Delanty, Gerard (2005): *Rethinking Europeanization.* London: Routledge.
Delanty, Gerard/Krishan Kumar (eds.) (2006): *The Sage Handbook of Nations and Nationalism.* London: Sage.
Dominguez, José Mauricio (2006): Nationalism in South and Central America, in: Delanty/Kumar (eds.): 541-554.

Eder, Klaus (2003): Europäische Säkularisierung – ein Sonderweg in die postsäkulare Gesellschaft, in: *Berliner Journal für Soziologie* H3: 331-343.
Eder, Klaus/Bernhard Giesen (eds.) (2002): *European Citizenhip*. Oxford: Oxford UP.
Eder, Klaus/Willfried Spohn (2005): *European Identity and Collective Memory. The Cultural Effects on European Integration and Enlargement*. Aldershot: Ashgate.
Eisenstadt, Shmuel (1987a): *European Civilization in Comparative Perspective*. Oslo: Scandinavian UP.
Eisenstadt, Shmuel (1987b): *Kulturen der Achsenzeit I*, 2 Bde. Frankfurt/M.: Suhrkamp.
Eisenstadt, Shmuel (1992a): *Kulturen der Achsenzeit II*, 3 Bde. Frankfurt/M.: Suhrkamp.
Eisenstadt, Shmuel (1992b): *Jewish Civilization. The Jewish Civilization in Comparative Perspective*. New York: Suny Press.
Eisenstadt, Shmuel (1996a): *Antinomien der Moderne*. Frankfurt/M: Suhrkamp.
Eisenstadt, Shmuel (1996b): *Japanese Civilization in Comparative Perspective*. Chicacgo, Ill.: Chicago UP
Eisenstadt, Shmuel (1999a): *Paradoxes of Democracy*. Baltimore, MD: The John Hopkins University Press.
Eisenstadt, Shmuel (1999b): *Fundamentalism, Sectarianism, and Revolution: The Jacobin Dimension of Modernity*, Cambridge: Cambridge UP.
Eisenstadt, Shmuel (2000): *Die Vielfalt der Moderne*. Weilerswist: Velbrück.
Eisenstadt, Shmuel (2001): Politicization of Religion in the Contemporary Era, in: *Österreichische Zeitschrift für Soziologie* 26 (4): 9-24.
Eisenstadt, Shmuel (ed.) (2002): *Multiple Modernities*. New Brunswick, NJ: Transaction Publisher.
Eisenstadt, Shmuel (2003): *Multiple Modernities and Comparative Civilizations, 2 vols*. Leiden: Brill.
Eisenstadt, Shmuel (2006a): *Theorie der Moderne*. Wiesbaden: Verlag für Sozialwissenschaften.
Eisenstadt, Shmuel (2006b): Das Rätsel der indischen Demokratie und seine zivilisatorischen Rahmenbedingungen, in. ders., Theorie der Moderne: 389-441.
Eisenstadt, Shmuel/Bernhard Giesen (1995): The Construction of Collective Identity, in: *European Archives of Sociology*, 36: 72-102.
Esposito, John (1999): *The Islamic Threat. Myth or Reality*. Oxford: Oxford UP.

Esposito, John/Francois Burgat (2003): *Modernization of Islam. Religion and the Public Sphere in Europe and the Middle East.* New Brunswick, NJ: Rutgers UP.

Fukuyama, Francis (1992): *The End of History and the Last Man.* New York: Free Press.

Gabriel, Karl/Hans-Richard Reuter (Hg.) (2004): *Religion und Gesellschaft.* Paderborn: Schöningh.

Genitle, Emilio ((2001): *Politics as Religion,* Princeton. NJ: Princeton UP.

Gerhards, Jürgen/Michael Hölscher (2005): *Kulturelle Unterschiede in der Europäischen Union.* Wiesbaden: Verlag für Sozialwissenschaften.

Gellner, Ernest (1985): *Leben im Islam. Religion als Gesellschaftsordnung.* Stuttgart: Klett & Cotta.

Gibson, Ralph (1989): *Social Catholicism in France.* London: Routledge.

Giesen, Bernhard (1998): *Die Intellektuellen und die Nation. Eine Deutsche Achsenzeit.* Frankfurt/M.: Suhrkamp.

Giesen, Bernhard/David Suber (eds.) (2004): *Religion and Politics. Cultural Perspectives.* Leiden: Brill.

Göle Nilüfer (1995): *The Forbidden Modern. Civilization and Veiling.* Ann Arbor: University of Michigan Press.

Göle, Nilüfer (2002): Snapshots of Modernity, in: S. Eisenstadt (ed.), *Multiple Modernities*: 91-118.

Greve, Jens/Bettina Heintz (Hg .)(2005): *Weltgesellschaft,* Sonderheft der Zeitschrift für Soziologie. Stuttgart: Lucius &Lucius Verlagesgesellschaft.

Habermas, Jürgen (2003): *Zeitdiagnosen.* Frankfurt/M.: Suhrkamp.

Haupt, Heinz-Gerhard/Dieter Langewiesche (Hg.) (2001): *Nation und Religion in der Deutschen Geschichte.* Frankfurt/M.: Campus.

Haynes, Jeff (1998): *Religion and Global Politics.* London: Longman.

Hastings, Adrian (1997): *The Construction of Nationhood: Ethnicity, Religion and Nationalism:* Cambridge/MA: Cambridge UP.

Held, David/Anthony McGrew (eds.) (2000): *The Global Transformation Reader.* Oxford: Polity Press.

Hervieu-Léger, Danielle (2000): *Religion as a Chain of Memory.* Cambridge: Polity Press.

Höfert, Almuth/Armando Salvatore (eds.) (2000): *Between Europe and Islam.* Bern: Lang.

Huntington, Samuel (1993): The Clash of Civilizations, in: *Foreign Affairs* 72 (3): 22-49.

Huntington, Samuel (1995): *Democracy and Religion,* in: S. Ramet/D. Threadgold (eds.), *Render Unto Ceasar.* Seattle, WA: University of Washington Press.

Huntington, Samuel (1996): *The Clash of Civilizations.* New York: Simon and Schuster.
Hutchinson, John (1996): *Modern Nationalism.* London: Routledge.
Ichijo, Atsuko/Willfried Spohn (eds.) (2005): *Entangled Identities. Europe and the Nation.* Aldershot: Ashgate.
Jachtenfuchs, Markus/Beate Kohler-Koch (1996): *Europäische Integration.* Opladen: Leske & Buderich.
Jelen, Ted G./Clyde Wilcox (eds.) (2002): *Religion and Politics in Comparative Perspective. The One, The Few, The Man.,* Cambridge, MA: Cambridge UP.
Joas, Hans/Klaus Wiegandt (Hg.) (2005): *Die kulturellen Werte Europas.* Frankfurt/M.: Fischer.
Jordan, Terence (1988): *The European Culture Area.* New York: Harper &Row.
Juergensmeyer, Mark (1993): *The New Cold War. Religious Nationalism Confronts the Secular State.* Berkeley: University of California Press.
Juergensmeyer, Mark (2001): *Terror in the Mind of God: The Global Rise of Religious Violence.* Berkeley, CA: University of California Press.
Juergensmeyer, Mark (ed.) (2003): *Global Religions.* Oxford: Oxford UP.
Juergensmeyer, Mark (ed.) (2005): *Religion in Global Civil Society.*
Kallscheuer, Otto (Hg.) (1996): *Das Europa der Religionen. Ein Kontinent zwischen Säkularisierung und Fundamentalismus.* Frankfurt/M.: Fischer.
Kaya, Ibrahim (2004): *Social Theory and Late Modernities. The Turkish Experience.* Liverpool: Liverpool UP.
Kepel, Gilles (1994): *The Revenge of God: The Resurgence of Islam, Christianity and Judaism in the Modern World.* Oxford: Polity Press.
Knöbl, Wolfgang (2001): *Spielräume der Modernisierung.* Weilerswist: Velbrück.
Knöbl, Wolfgang (2006): Verwerfungen in der klassischen Moderne – der US-amerikanische Süden als Problemfall in der Debatte um die ‚Multiple Modernities', in: Th. Schwinn (Hg.), 71-100.
Koenig, Matthias (2003): *Staatsbürgerschaft und religiöse Pluralität in postnationalen Konstellationen. Zum institutionellen Wandel europäischer Religionspolitik am Beispiel muslimischer Immigranten in Großbritannien, Frankreich und Europa.* Marburg: Diss.
Koenig, Matthias (2004): Politics and Religion in European Nation-States: Institutional Varieties and Contemporary Transformations, in: Giesen/Suber (eds.): 291-316.
Koenig, Matthias (2005): Shmuel Noah Eisenstadt, in: D. Kaesler (Hg.), *Aktuelle Theorien der Soziologie.* München: Beck, 41-63.

Koenig, Mathias (2006): Europeanising the governance of religious diversity – an institutionalist account of Muslim struggles for public recognition, in: *Journal of Ethnic and Migration Studies* (i.E.)

Kohli, Martin (2000): The Battlegrounds of European Identity, in *European Societies* 2 (2), 113-137.

Koslowski, Roy (2000): *Migrants and Citizens. Demographic Changes in the European State System.* Ithaca, NY: Cornell UP.

Kymlicka, Will (1995): *Multi-cultural citizenship. A Liberal Theory of Minority Rights.* Oxford: Clarendon Press.

Kymlicka, Will/Magda Opalski (eds.) (2001): *Can Liberalism Be Exported? Western Political Theory and Ethnic Relations in Eastern Europe.* Oxford: Oxford UP.

Lehmann, Hartmut (Hg.) (1997): *Säkularisierung, Dechristianisierung, Rechristianisierung.* Göttingen: Vandenhoek &Ruprecht.

Lehmann, Hartmut/Peter van der Veer (1996): *Nation and Religion. European and Asian Perspectives.* Princeton, NJ: Princeton UP.

Lipset, Seymour Martin (1996): *American Exceptionalism.* New York: Norton.

Lomnitz, Claudio (2003): Nation-building and Nationalism in Mexico, in: M. Centeno/J. Alves-Lopex (eds.), *Grand Theory in the Lens of Latin America.* Princeton, NJ: Princeton UP.

Loth, Wilfried/Wolfgang Wessels (eds.) (2001): *Theorien europäischer Integration.* Opladen: Leske &Buderich.

Luhmann, Niklas (1975): Die Weltgesellschaft, in ders., *Soziologische Aufklärung 2.*, Opladen: Westdeutscher Verlag: 51-71.

Luhmann, Niklas (2000): *Die Religion der Gesellschaft.* Frankfurt/M.: Suhrkamp.

Madeley, John/Zsolt Enyedi (eds.) (2003): *Church and State in Contemporary Europe. The Chimera of Neutrality,* London: Frank Cass Madood, Tariq/Pnina Werbner (eds.) (1996), *The Politics of Multiculturalism in the New Europe.* London: Zed.

Mair, Peter/Jan Zielonka (eds.) (2002): *The Enlarged European Union. Diversity and Adaptation.* London: Frank Cass.

Malmborg Mikael/Bo Strath (eds.) (2002): *The Meaning of Europe.* Oxford: Berg.

Mann, Michael (2004): *The Dark Side of Democracy.* Cambridge, MA: Cambridge UP.

Martin, David (1978): *A General Theory of Secularization.* Oxford: Oxford UP.

Martin, David (1993): *Tongues of Fire. The Explosion of Protestantism in Latin America.* Oxford: Blackwell.

Martin, David (1996): Religion und Säkularisierung in Europa und Amerika, in: O. Kallscheuer (Hg.), 45-60.
Martin, David (2002): *Pentecostalism: their world, their parish.* Oxford: Blackwell.
Martin, David (2005): *On Secularization. Towards a Revised General Theory.* Aldershot: Ashgate.
Martinelli, Alberto (2005): *Global Modernization.* London: Sage.
Marty, Martin/Scott Appleby (eds.) (1991): *Fundamentalism Observed.* Chicago: The University of Chicago Press.
Marty, Martin/Scott Appleby (eds.) (1993): *Fundamentalism and the State: Remaking Politics, Economies and Militance:* Chicago: The University of Chicago Press.
Marty, Martin/Scott Appleby (eds.) (1994): *Accounting for Fundamentalism: The Dynamic Character of Movements.* Chicago: The University of Chicago Press.
Marty, Martin/Scott Appleby (eds.) (1995): *Fundamentalism Comprehended.* Chicago: The University of Chicago Press.
Marx, Anthony (1998): *Making Race and Nation: A Comparison of the United States, South Africa and Brazil.* Cambridge, MA: Cambridge UP.
McDaniel, Timothy (1992): *Autocracy, Modernization and Revolution in Russia and Iran.* Princeton, NJ: Princeton UP.
Meyer, John (2005): *Weltkultur. Wie die westlichen Prinzipien die Welt durchdringen.* Frankfurt/M.: Suhrkamp.
Meyer, Thomas (2002): *Identitätspolitik. Vom Missbrauch kultureller Unterschiede.* Frankfurt/M.: Suhrkamp.
Meyer, Thomas (2004): *Die Identität Europas.* Frankfurt/M.: Suhrkamp.
Minkenberg, Michael/Ulrich Willems (Hg.) (2003): *Politik und Religion. Sonderheft Politische Vierteljahresschrift* 33. Wiesbaden: Westdeutscher Verlag.
Müller, Hans-Peter/Max Schmid (Hg.) (1995): *Sozialer Wandel.* Frankfurt/M.: Suhrkamp.
Müller, Harald (1998): *Das Zusammenleben der Kulturen. Ein Gegenentwurf zu Huntington.* Frankfurt/M.: Suhrkamp.
Müller, Harald (2003): Kampf der Kulturen – Religion als Strukturfaktor einer weltpolitischen Konfliktformation, in: M. Minkenberg/U. Willems (Hg.), 559-580.
Neumann, Iver (1999): *The Uses of the Other: The „East" in European Identity Formation.* Minneapolis, MN: University of Minnesota Press.

Osterhammel, Jürgen (1995): *Kolonialismus. Geschichte, Folgen, Funktionen.* München: Beck.

Osterhammel, Jürgen/Nils Petersson (2003): *Geschichte der Globalisierung. Dimensionen, Prozesse, Epochen.* München: Beck.

Pagden, Anthony (ed.) (2002): *The idea of Europe from antiquity to the European Union.* Washington, DC: Woodrow Wilson Center Press.

Pollack, Detlef, et al. (eds.) (1998): *Religiöser Wandel in den postkommunistischen Ländern Ost- und Mitteleuropas.* Würzburg: Ergon.

Pollack, Detlef (2003): Das Verhältnis von Religion und Politik in den postkommunistischen Staaten Ostmittel- und Osteuropas und seine Auswirkungen auf die Vitalität des Religiösen Feldes, in: M. Minkenberg/U. Willems (Hg.), *Politik und Religion,* 435-455.

Riesebrodt, Martin (1991): *Fundamentalismus als patriarchalische Protestbewegung.* Tübingen: Siebeck & Mohr.

Riesebrodt, Martin (2001): *Die Rückkehr der Religion. Fundamentalismus und der Kampf der Kulturen.* München: Beck.

Robbers, Gerhard (Hg.) (2003): *Staat und Kirche in der Europäischen Union.* Baden-Baden: Nomos.

Robertson, Roland (1992): *Globalization. Social Theory and Global Culture.* London: Routledge.

Robertson, Roland (2003): Religion und Politik im globalen Kontext der Gegenwart, in : M. Minkenberg/U. Willems (Hg.), 581-594.

Robertson, Roland/Kathleen White (eds.) (2006): *Globalization – Critical Concepts.* London: Routledge.

Rodoumetof, Victor/Roland Robertson (2003): Globalization, World History and Civilizational Analysis, in : K. Sanderson (ed.), *Civilizations and World Systems. Studying World-historical Change,* Walnut Creek: Altamira Press.

Roniger, Luis/Carlos Waisman (eds.) (1992): *Globality and Multiple Modernities Comparative Perspectives on North and Latin America.* Brighton, UK: Sussex Academic Press.

Roy, Olivier (2006), *Der islamische Weg nach Westen. Glboalisierung, Entwurzelung und Radikalisierung,* München: Pantheon

Ruthven, Malise (2005): *Fundamentalism. The Search for Meaning.* Oxford: Oxford UP.

Sachsenmayer, Dominic/Jens Riedel (eds.) (2002): *Reflections on Multiple Modernities – European, Chinese and Other Interpretations.* Leiden: Brill.

Scholte, Jan Aart (2001): *Globalization. A Critical Introduction.* New York: Palgrave.

Schwinn, Thomas (Hg.) (2006): *Die Vielfalt und Einheit der Moderne. Kultur- und strukturvergleichende Analysen.* Wiebaden: Verlag Sozialwissenschaften.
Senghaas, Dieter (1995): Die Wirklichkeiten der Kulturkämpfe, *Leviathan*, 197-212.
Senghaas, Dieter (2004): *Zum irdischen Frieden.* Frankfurt/M. Suhrkamp.
Shadid, W.A,R./P.v.Koningsveld (eds.) (2002a): *Religious Freedom and the Neutrality of the State. The Position of Islam in the European Union.* Leuven: Peters.
Shadid, W.A.R./P. v. Koningsveld (eds.) (2002b): *Intercultural Relations and Religious Authorities: Muslims in the European Union.* Leuven: Peters.
Shore, Cris (2000): *Building Europe. The Cultural Politics of European Integration.* London: Routledge.
Siedentop, Larry (2001): *Democracy in Europe.* London: Penguin.
Smith, Anthony (1998): *Nationalism and Modernism.* London: Routlegde.
Smith, Anthony (2001): *Nationalism.* Oxford: Oxford UP.
Smith Anthony (2003): *Chosen Peoples. Sacred Sources of National Identity.* Oxford: Oxford UP.
Smith, Donald (1975): *Religion and Political Modernization.* London: Routledge.
Soysal, Yasemine (1994): *Limits of Citizenship. Migrants and Postnational Membership in Europe.* Chicago: Chicago UP.
Spohn, Willfried (1995): Protestantismus, Secularization, and Politics, in: S. Ramet/ D.Threadgold (eds.) *Render Unto Ceasar.* Boulder Westview Press.
Spohn, Willfried (1998): Religion und Nationalismus. Osteuropa im westeuropäischen Vergleich, in: D. Pollack et al. (eds.), 87-120.
Spohn, Willfried (2001): Eisenstadt on Civilizations and Multiple Modernities, in: *European Journal of Social Theory* 4/4, 499-508.
Spohn, Willfried (2002): Social Transformation and Modernization Patterns. Democratization, Nationalism and Religion in Postcommunist Germany, Poland and Russia, in: F. Bönker/K. Müller/A. Pickel (eds.), *Postcommunist Transformation and the Social Sciences. Cross-Disciplinary Approaches.* Lanham: Rowman & Littlefield: 199-219.
Spohn, Willfried (2003a): European East-West Integration, *Nation*building and Nationalism: Changes in the German-Polish Relations, in: W. Spohn/A. Triandafyllidou (eds.), 123-143.
Spohn, Willfried (2003b): Nationalismus und Religion. Ein historisch-soziologischer Vergleich West- und Osteuropas, in: M. Minkenberg/U. Wil-

lems (eds.), *Politik und Religion,* Sonderheft 33, *Politische Vierteljahresschrift.* Wiesbaden: Westdeutscher Verlag: 323-345.

Spohn, Willfried (2003c): Multiple Modernity, Nationalism and Religion: A Global Perspective, in: *Current Sociology* 51, 3/4: 265-286.

Spohn, Willfried (2006a): Globalisierung, multiple Modernitäten und Europa, in T. Beichelt et al. (eds.), *Interdisziplinäre Europastudien. Eine Einführung.* Wiesbaden: Verlag Sozialwissenschaften.

Spohn, Willfried (2006b): Multiple, entangled, fragmented and other modernities. Reflections on comparative sociological research on Europe, North and Latin America, in: Sergió Costa/M. Domingues/W.Knöbl/J.

Spohn, Willfried/Anna Triandafyllidou (eds.) (2003): *Europeanization, National Identities and Migration. Changes in Boundary Construction Between Western and Eastern Europe.* London: Routledge.

Stauth, Georg (ed.) (1998): *Yearbook of the Sociology of Islam: Islam - Motor or Challenge of Modernity.* Hamburg: Lit Verlag.

Stichweh, Rudolf (2000): *Die Weltgesellschaft. Soziologische Analysen.* Frankfurt/M.: Suhrkamp.

Stichweh, Rudolf (2006): Strukturbildung in der Weltgesellschaft. Die Eigenstrukturen der Weltgesellschaft und die Regionalkulturen der Welt, in Th. Schwinn (Hg.): 239-58.

Strath, Bo/Anna Triandafyllidou (eds.) (i.E.): *The New Europe. Media, Elites, Citizens.* Aldershot: Ashgate.

Sztompka, Piotr (1994): *The Sociology of Social Change.* Chicago, ILL: Chicago UP.

Therborn, Göran (1995): *European Modernity and Beyond. The Trajectory of European Societies, 1945-2000.* London: Sage.

Thomas, Scott M. (2006): *The Global Resurgence of Religion and The Transformation of International Relations. The Struggle for the Twenty-First Century.* New York: Palgrave.

Tibi, Bassam (2002): *Islamische Zuwanderung. Die Gescheiterte Integration.* München: DVA.

Timmermann, Christiane and Barbara Segaert (eds.): *How to Conquer the Barriers to Intercultural Dialogue. Christianity, Islam and Judaism.* Bern: Lang.

Utvik, Björn Olav (2003): The Modernizing Force of Islamism, in J. Esposito/F. Burgat (eds.): 43-68.

Veer, Peter van der (1993): *Religious Nationalism. Hindus and Muslims in India.* Berkeley, CA: University of California Press.

Veer, Peter van der (2001): *Imperial Encounters.* Princeton, NJ: Princeton UP.

Verheugen, Günter (2005): *Europa in der Krise.* Köln: Kiepenheurer & Witsch.

Viehoff, Reinhold/Rien Segers (Hg,) (1999): *Europa. Kultur, Identität: Über die Schwierigkeiten einer Konstruktion*. Frankfurt/M.: Surhkamp.
Wallerstein, Immanuel (2000): *The Essential Wallerstein*. Cambridge, MA: Cambridge UP.
Walzer, Michael (1968): *The Revolution of the Saints. A Study of the origins of Radical Politics*. Cambridge: Harvard UP.
Wehler, Hans-Ulrich (2001): *Konflikte zu Beginn des 21. Jahrhunderts. Essays*. München: Beck.
Wiarda, Howard/Margaret M. Mott (2003): *Politics and Social Change in Latin America: Still a Distinct Tradition?* Westport, CT: Praeger.
Wiener, Antje/Thomas Dietz (2004): *European Integration Theory*, Oxford: Oxford UP.
Wobbe, Theresa (2000): *Weltgesellschaft*, Bielefeld: Transcript.
Wobbe, Theresa (2006): Die Verortung Europas in der Weltgesellschaft. Historische Europasemantik und Identitätspolitik der Europäischen Union, in: J. Greve/B. Heintz (Hg.): 348-373.
Wolf, Larry (1994): *The Invention of Eastern Europe*. Stanford: Stanford UP.
Wolf, Larry (2001): *The Enlightenment and the Orthodox World: Western Perspectives on the Orthodox Church in Eastern Europe*. Athens: Institute for Neohellenic Research.
Yavuz, Hakan (2003): *Islamic Political Identity in Turkey*. Oxford: Oxford UP.
Zapf, Wolfgang (Hg.) (1971): *Die Theorien der Modernisierung*. Köln: Athenäum.
Zielonka, Jan (ed.) (2001): *Europe Unbound*. London: Routledge.
Zürcher, Erik (2004): *Turkey. A Modern History*. New York: Tauris.
Zürcher, Erik/H. v. d. Linden (eds.) (2004): *The European Union, Turkey and Islam*. Amsterdam: Amsterdam University Press.

PD Dr. WILLFRIED SPOHN
Geb. am 6.12.1944 in Tübingen

1964	Abitur in Stuttgart
1964-70	Studium der Soziologie, Politologie, Geschichte und Ev. Theologie in Tübingen und Berlin
1970	Diplom in Soziologie an der FU Berlin
1976	Promotion zum Dr. phil. an der FU Berlin
1984	Habilitation im Fach Soziologie an der FU Berlin
1970-84	Wissenschaftlicher Assistent; Assistenzprofessor und Privatdozent am Institut für Soziologie der FU Berlin
1986-88	Stipendiat der Fritz Thyssen Stiftung
1988-89	Fellow am Institute for Advanced Study Princeton, NJ
1989-2005	Associate/Guest Professor in Europäischen und Internationalen Studien; Soziologie und Politikwissenschaften an mehreren amerikanischen Universitäten: University of Washington, Seattle, WA; University of Pennsylvania, Philadelphia, PA; NYU, Columbia University, New School for Social Research, New York
1999-2001	Senior Fellow am Europäischen Hochschulinstitut Florenz, Europäisches Forum
2001-2004	Forschungsleiter des EU-Projekts EURONAT (mit Strath und A. Triandafyllidou) „Representations of Europe and the Nation in current and prospective member states - elites, media, and civil society" (5th framework programme, DG XII; angestellt an der Europa-Universität Viadrina, Frankfurt-Oder
2004-05	Vertretungsprofessur Soziologie am Lateinamerika-Institut der FU Berlin
2006-07	Gastprofessur Otto-von-Freising, KU Eichstätt
2007-08	Senior Fellow am Kulturwissenschaftlichen Kolleg der Universität Konstanz
2008-11	Koordinator des VW-Forschungsprojekts: „Europäisierung, multiple Modernitäten und kollektive Identitäten – Religion, Nation und Ethnizität in einem sich erweiternden Europa

Forschungs- und Lehrschwerpunkte

- Historische und vergleichende Soziologie
- Multiple Modernitäten, Globalisierung und sozialer Wandel
- Politische Soziologie
- Religionssoziologie
- Vergleichende Forschung zu Nationalismus und Religion
- Europäische und Internationale Studien

Ausgewählte Veröffentlichungen

1. Bücher

Collective Memory and European Identity. Effects of Integration and Enlargement (hrsg. mit Klaus Eder, HU Berlin), Aldershot: Ashgate 2005

Entangled Identities. Europe and the Nation (hrsg. mit Atsuko Ichijo, Aldershot: Ashgate 2005

Europeanisation, National Identities and Migration: Changes in Boundary Constructions Between Western and Eastern Europe (hrsg. mit Anna Triandafyllidou), London: Routledge 2002

Kulturanalyse und Vergleichende Forschung in Sozialgeschichte und historischer Soziologie; Schwerpunktheft der Zeitschrift *Comparativ*. Leipziger Beiträge zur Universalgeschichte und Vergleichenden Gesellschaftsforschung, Leipzig 1998/1

Can Europe Work? Germany and the Reconstruction of Postcommunist Societies (hrsg. mit Stephen Hanson), University of Washington Press, Seattle 1995

Geschichte und Marxismus. Kritik der Kontroverse zwischen Edward P. Thompson und Perry Anderson, Berlin: FU 1984

Weltmarktkonkurrenz und Industrialisierung Deutschlands 1870-1914, Berlin: Olle &Wolter 1977

2. Artikel

Globale, multiple und verwobene Modernen: Perspektiven der historisch-vergleichenden Soziologie, in: Thomas Schwinn (Hg.), Einheit und Vielfalt der Moderne, Wiesbaden 2006: 101-130

Multiple Modernitäten und Europastudien, in: T. Beichelt, B. Choluj, Gerard Rowe, Hans-Jürgen Wagener (Hg.), Europastudien. Eine Einführung, Wiesbaden 2006:435-451

Neue Historische Soziologie: Charles Tilly, Theda Skocpol, Michael Mann, in: D. Kaesler (Hg.), Aktuelle Theorien der Soziologie, München: Beck 2005: 196-230

Austria: From Empire to a Small Nation, in: A. Ichijo/W. Spohn (eds.), Entangled Identities. Europe and the Nation, Aldershot: Ashgate 2005: 55-71

Multiple Modernity, Religion and Nationalism - A Global Perspective, in: Ulrike Schuerkens (ed.), Social Transformations Between Global Forces and Local Life-Worlds, Current Sociology 51, 3/4, London: Sage 2003: 265-286

Nationalismus und Religion. Ein historisch-soziologischer Vergleich Ost- und Westeuropas, in: M. Minkenberg und U. Willems (Hg.), Politik und Religion , Sonderheft Politische Vierteljahresschrift 2003: 323-345

European East-West integration, nation-building and collective identities: the reconstruction of German-Polish relations, in: Europeanization, National Identities and Migration. Changes in Boundary Constructions between Western and Eastern Europe, in: W: Spohn/A. Triandafyllidou, (eds.), London: Routledge 2002: 123-143

Social Transformation and Modernization Patterns. Democratization, Nationalism and Religion in Postcommunist Germany, Poland and Russia, in: F. Bönker/K. Müller/A. Pickel (eds.), Postcommunist Transformation and the Social

Sciences. Cross-Disciplinary Approaches, Lanham: Rowman&Littlefield 2002: 199-219

Continuities and Changes of Europe in German National Identity, in: M. af Malmborg/B. Strath (eds.), The Meaning of Europe. Variety and Contention Among Nations, Oxford, New York: Berg 2002: 285-310

Eisenstadt on Civilizations and Multiple Modernities, European Journal of Social Theory 4 (4) 2001: 499-508

History and the Social Sciences, International Encyclopedia of the Social and Behavioral Sciences (hrsg. v. L. Baltes und N. Smelser), London: Elsivier 2001

Historische Soziologie, Soziologische Revue, Sonderheft 5, 2000: 101-116

Historische Soziologie zwischen Theorien sozialen Wandels und Sozialgeschichte, in F. Weltz (Hg.), Soziologische Theorie und Geschichte, Opladen: Leske & Budrich 1998

Religion und Nationalismus. Osteuropa im westeuropäischen Vergleich, in D. Pollack, I. Borowik, W. Jagodzinski (Hg.), Religiöser Wandel in den postkommunistischen Ländern Ost- und Mitteleuropas, Ergon, Würzburg: 1998: 87-120

Globalisierung, Internationale Studien und Regionalwissenschaften, in: Marianne Braig (Hg.), Begegnungen und Einmischungen. Festschrift für Renate Rott, Berlin 1997

Moving Europeans in the Globalizing World: Contemporary Migrations in Historical-Comparative Perspective (with Ewa Morawska), in: Wang Gungwu (ed.), Global History and Migrations, Boulder, CO: Westview Press 1997: 23-62

United Germany as the Renewed Center in Europe. Continuity and Change in the German Question, in: S. Hanson/W. Spohn (eds.), 1995

Religion and Working-Class Formation in Imperial Germany, 1871-1914, in: Politics and Society 19, 1991: 99-13

Otto von Freising-Vorlesungen

Bd. 1: **Wilhelm G. Grewe:**
Das geteilte Deutschland in der Weltpolitik
1990. Vergriffen

Bd. 2: **Berndt von Staden:**
Der Helsinki-Prozeß
1990. Vergriffen

Bd. 3: **Hans Buchheim:**
Politik und Ethik
1991. Vergriffen

Bd. 4: **Dmitrij Zlepko:**
Die ukrainische katholische Kirche – Orthodoxer Herkunft, römischer Zugehörigkeit
1992. Vergriffen

Bd. 5: **Roland Girtler:**
Würde und Sprache in der Lebenswelt der Vaganten und Ganoven
1992. Vergriffen

Bd. 6: **Magnus Mörner:**
Lateinamerika im internationalen Kontext
1995. Vergriffen

Bd. 7: Probleme der internationalen Gerechtigkeit
Herausgegeben von **Karl Graf Ballestrem** und **Bernhard Sutor**.
1993. Vergriffen

Bd. 8: **Karl Martin Bolte:**
Wertwandel. Lebensführung. Arbeitswelt
1993. Vergriffen

Bd. 9: **František Šmahel:**
Zur politischen Präsentation und Allegorie im 14. und 15. Jahrhundert.
1994. Vergriffen

Bd. 10: **Odilo Engels:**
Das Ende des jüngeren Stammesherzogtums
1998. Vergriffen

Bd. 11: **Hans-Georg Wieck:**
Demokratie und Geheimdienste
1995. Vergriffen

Bd. 12: **Franz-Xaver Kaufmann:**
Modernisierungsschübe, Familie und Sozialstaat
1996. Vergriffen

Bd. 13: **Wolfgang Brückner:**
„Arbeit macht frei". Herkunft und Hintergrund der KZ- Devise
1998. Vergriffen

Bd. 14: **Manfred Hättich:**
Demokratie als Problem
1996. Vergriffen

Bd. 15: **Horst Schüler-Springorum:**
Wider den Sachzwang
1997. Vergriffen

Bd. 16: **Gerhard A. Ritter:**
Soziale Frage und Sozialpolitik
1998. Vergriffen

Bd. 17: **Uwe Backes:**
Schutz des Staates
1998. Vergriffen

Bd. 18: **Klaus Schreiner:**
Märtyrer, Schlachtenhelfer, Friedenstifter
2000. Vergriffen

Bd. 19: **Antonio Scaglia:**
Max Webers Idealtypus der nicht-
legitimen Herrschaft
2001. Vergriffen

Bd. 20: **Walter Hartinger:**
Hinterm Spinnrad oder auf
dem Besen
2001. Vergriffen

Bd. 21: **Martin Sebaldt:**
Parlamentarismus im Zeitalter der
Europäischen Integration
2002. Vergriffen

Bd. 22: **Alois Hahn:**
Erinnerung und Prognose
2003. Vergriffen

Bd. 23: **Andreas Wirsching:**
Agrarischer Protest und Krise der
Familie
2004. 97 S., € 19,90
ISBN 978-3-531-14274-6

Bd. 24: **Stefan Brüne:**
Europas Außenbeziehungen und die
Zukunft der Entwicklungspolitik
2005. 104 S., € 19,90
ISBN 978-3-531-14562-4

Bd. 25: **Toni Pierenkemper:**
Arbeit und Alter in der Geschichte
2006. 114 S., € 12,90
ISBN 978-3-531-14958-5

Bd. 26: **Manfred Brocker:**
Kant über Rechtsstaat und
Demokratie
2006. 62 S., € 12,90
ISBN 978-3-531-14967-7

Bd. 27: **Jan Spurk:**
Europäische Soziologie als
kritische Theorie der Gesellschaft
2006. 80 S., € 12,90
ISBN 978-3-531-14996-7

Weitere Titel in Vorbereitung:

Alois Schmid:
Neue Wege der bayerischen
Landesgeschichte
2008. 107 S., € 19,90
ISBN 978-3-531-16031-3

Wilfried Spohn:
Politik und Religion in einer sich
globalisierenden Welt
2008. 98 S., € 19,90
ISBN 978-3-531-16076-4

Rainer Tetzlaff:
Afrika in der Globalisierungsfalle
2008. 108 S., € 19,90
ISBN 978-3-531-16030-6

Michaela Wittinger:
Christentum, Islam, Recht und
Menschenrechte
Spannungsfelder und Lösungen
2008. 85 S., € 19,90
ISBN 978-3-531-16140-2

MIX
Papier aus verantwortungsvollen Quellen
Paper from responsible sources
FSC® C105338

If you have any concerns about our products,
you can contact us on
ProductSafety@springernature.com

In case Publisher is established outside the EU,
the EU authorized representative is:
**Springer Nature Customer Service Center GmbH
Europaplatz 3, 69115 Heidelberg, Germany**

Printed by Libri Plureos GmbH
in Hamburg, Germany